꼬리에

꼬리를 무는

토지 제도 이야기

고조선에서 현대까지, 교과서도 알려 주지 않는
'땅'으로 본 한국사 익스프레스!

꼬리에 꼬리를 무는 토지제도 이야기

김정진 지음 | 김재원 감수

주니어태학

한정된 땅을
어떻게 나눠 써야 할까

인간의 모든 활동은 땅 위에서 이루어집니다. 우리는 땅 위에서 밥을 먹고 잠을 자고 일도 하고 놀기도 하지요. 그래서 그 땅을 어떻게 이용하는지가 어느 나라에서나 가장 중요한 문제입니다.

우리나라의 모든 땅, 즉 토지에는 번호가 매겨져 있습니다. 그 번호를 지번이라고 합니다. 쉽게 말하면 '주소'(요즘은 도로명 주소로도 표기하고요)지요. 예를 들어 국회의사당 주소는 '서울시 영등포구 여의도동 1번지'입니다.

우리나라 정부는 전국의 모든 토지에 번호, 즉 지번을 매겨서 관리합니다. 지번을 알면 그 토지의 면적과 이용 상태뿐 아니라 주인이 누구인지도 알 수 있습니다. 심지어 정부가 매년 정해서 발표하는 땅의 가격인 공시지가公示地價까지 알 수 있지요.

왜 정부는 많은 돈을 들여 전국의 토지 상태를 관리하고, 심지어 땅의 가격까지 공개할까요? 나라가 국민 개개인의 정보를 관리하는 이유는 나라를 운영하는 데 꼭 필요한 세금을 걷기 위해서입니다. 세금을 걷으려면 누가 얼마나 갖고 있는지를 먼저 알아야 합니다. 특히 토지는 예나 지금이나 우리나라뿐 아니라 세계 거의 모든 나라에서 세금의 중요한 원천입니다. 오래전부터 토지에 관한 각종 자료를 국가가 관리해 온 이유지요.

땅은 유한한 자원입니다. 물건과 달리 계속 만들어 낼 수가 없습니다. 그러한 땅을 몇몇 사람만 가지고 있다면, 그들이 땅을 쥐고 횡포를 부릴 수 있습니다. 만약 땅 빌려 주는 값이 계속 오르면 땅이 없는 나머지 사람들의 삶은 매우 힘들어질 겁니다. 그래서 과거부터 선조들은 땅을 효율적으로 활용하면서 사람들의 삶을 안정시키기 위한 제도를 마련하려고 고민해 왔습니다.

우리나라는 영토가 좁은 데다 산이 많아 사용할 수 있는 토지가 부족했습니다. 땅을 소수의 사람만 가지면 나머지 사람들이 살기 어려워지는 이유입니다. 1949년 농지 개혁 이전까지만 해도 남의 땅을 빌려 농사짓는 사람들(소작인이라고 불렀다)은 심한 경우 1년 생산량의 70퍼센트를 땅 주인에게 주어야 했습니다. 이렇게 주고 나면 소작인들과 그 가족들은 끼니를 잇기도 어려웠습니다.

집도 마찬가지이지요. 자기 집이 없어 월세, 전세 등 일정한 돈을 주고 다른 사람의 집을 빌려 사는 사람을 세입자라고 하는데, 집주인이 갑자기 바뀐 후 집세를 올려 버리거나 쫓아내거나 하면 세입자는 황망해집니다. 지금은 이런 경우를 대비해 법으로 세입자를 보호하지만, 1981년 이전에는 세입자를 보호하는 법이 없어서 꼼짝없이 세입자는 올린 대로 집세를 내거나 쫓겨나야 했습니다.

토지는 유한하고 많은 사람이 이용하는 것이기 때문에 비록 땅 주인이 있더라도 공적인 성격을 띱니다. 이런 시각을 '토지 공개념'이라고 합니다. 그래서 토지에 대해서는 땅 주인이더라도 마음대로 할 수 없게 하는 많은 규제와 법률이 있습니다.

이런 토지의 성격 때문에 국가는 오래전부터 토지 소유자를 보호하는 동시에 토지를 실제로 이용하는 사람들도 보호하기 위해 노력해 왔습니다. 그 노력의 과정, 즉 토지 제도의 역사를 살펴보면 땅이란 무엇이고 어떻게 해야 더 효율적으로 관리할 수 있는지 알 수 있을 것입니다.

이 책은 우리나라 토지 제도의 역사를 다룹니다. 토지 제도와 세금 제도는 동전의 앞뒤처럼 떼려야 뗄 수 없는 관계지요. 고조선부터 현대까지 우리나라 토지 제도와 세금 제도를 살펴보면서 몇몇 소수가 아닌 모든 이가 행복하게 살기 위해 땅을 어떻게 활용할지 생각해 보면 좋겠습니다.

마지막으로 영원한 버팀목인 옆지기 지연과 아들 건우에게 감사한 마음 전합니다. 둘의 지지와 조언 덕분에 이 책을 완성할 수 있었습니다. 아울러 난삽한 원고를 정리해 준 여미숙 편집자의 노고에도 큰 감사를 드립니다.

차례

 프롤로그 한정된 땅을 어떻게 나눠 써야 할까 5

❮ 1장 **땅 이야기**

O 땅에도 주인이 있을까   15

O 먼저 차지하면 될까   17

O 신이 정해 주었을까   20

O 땅 주인은 왜 농사를 짓고 세금도 내야 할까   22

❮ 2장 **세금 이야기**

O 세금이 뭐지?   29

O 인두세는 왜 사람들을 화나게 했을까   32

O 세금은 왜 필요할까   38

O 공무원들은 왜 백성을 갈취했을까   43

O 군인들은 왜 들고일어났을까   46

역사 간이역 | 대처는 왜 실각했을까 **36** ● 프랑스 혁명과 미국 혁명은 왜 일어났을까 **48**

3장 토지 제도 1 : 고조선에서 고려까지

O 수조권이 뭐지?   59

O 고조선에도 토지 소유권이 있었을까   64

O 고구려 동천왕은 왜 식읍을 주었을까   72

O 통일신라는 〈신라 촌락 문서〉를 왜 기록했을까   76

O 정전제가 뭐지?   81

O 전시과는 뭐지?   83

O 농민들도 전시과를 반겼을까   88

O 신진사대부는 왜 먼저 토지 제도를 개혁하려고 했을까   93

O 농민들은 왜 과전법을 반겼을까   98

4장 토지 제도 2 : 조선에서 일제 강점기까지

O 전분 6등법과 연분 9등법은 왜 공정할까   105

O 조선에서는 개인이 땅을 가질 수 없었을까   111

O 왜 양전 사업을 계속하지 못했을까   115

O 삼정은 왜 문란해졌을까   120

O 창곡 환롱 사건은 왜 일어났을까   125

○ 조선의 몰락을 앞당긴 것은 무엇일까   129

○ 일제가 조선을 발전시켰을까   135

○ 일제는 왜 토지 조사 사업을 벌였을까   140

○ 우리의 근대는 왜 해방 이후일까   145

○ 소작쟁의는 왜 일어났을까   149

〈 5장 토지 제도 3 : 해방 이후부터 현대까지

○ 왜 법은 농지를 농민에게 나눠 주라고 했을까   155

○ 농지 개혁은 경제 성장에 어떤 영향을 끼쳤을까   161

○ 왜 농지 개혁이 역사적으로 중요할까   165

○ 왜 땅 부자가 다시 나타난 것일까   168

○ 토지 공개념은 어떻게 땅 부자들을 견제했을까   175

○ 북한의 토지 제도는 어떻게 변해 왔을까   179

역사 간이역 | 조봉암은 왜 사형당했을까 158 • 부마항쟁과 부가세 172

에필로그 소수의 독점을 막으려면 어떻게 해야 할까 187 • 주 189 • 이미지 출처 190

1장

땅
이야기

땅은
그냥 생긴 거야.
원래 주인이 없었지.
그런데 지금은 모든 땅에
주인이 있어.
어떻게 된 일일까?

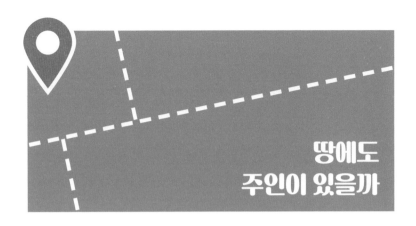

**땅에도
주인이 있을까**

　　우리나라의 모든 땅에는 주인이 있습니다. 행
정 서류 중에 '등기부 등본'이라는 것이 있습니다. 그 서류를 떼어 보
면 현재 어느 땅의 주인이 누구인지가 나와 있습니다. 심지어 지금만
이 아니라 이전의 주인들까지 나와 있습니다. 그렇다면 어느 땅의 첫
주인이 누구인지도 알 수 있을까요?

　　안타깝게도 우리나라의 경우 기록만 보면, 일제가 토지 조사 사업
을 벌인 1911년 이전의 기록은 없습니다. 인류는 아주 오랫동안 수
렵 생활을 하다가 신석기 시대부터 농경 생활을 하고, 그 후 청동기
시대에 접어들어 국가란 걸 세웠습니다. 학자들은 토지 소유권이 청
동기 시대 이후에 생겼다고 이야기합니다.

소유권이란?

소유권은 쉽게 말하면 어떤 물건을 '나'만 사용할 수 있는 권리를 말합니다. 어린아이들은 누군가 자신의 사탕을 가져가려고 하면 "내 거야!" 하며 움켜쥐지요. 한마디로 소유권은 '내 것인 상태'를 말합니다. 내 것이기 때문에 그 사탕을 먹거나 숨기거나 버리거나 다른 아이에게 주거나 다른 물건과 바꿀 수 있는 것이죠.

그렇다면 소유권은 왜 생긴 것일까요? 가장 큰 이유는 자신의 노동력을 쏟아 자연을 가공하여 만든 결과물은 그 사람에게 주어야 한다고 보았기 때문이지요. 예를 들어 A가 야생 사슴을 자신의 힘으로 잡았다면 그 사슴은 A의 소유가 된다는 말입니다.

그런데 이런 노동의 논리로 설명할 수 없는 대상이 있습니다. 바로 땅입니다. 땅은 지구가 생겨났을 때부터, 그러니까 인간이 없었을 때부터 존재했습니다. 당연히 인간의 노동력이 투여될 여지가 없었지요. 물론 육지에 면한 바다나 호수 일부를 둑으로 막아 육지로 만드는 간척 사업을 해서 땅을 넓히는 일도 있지만, 이는 극히 예외적인 경우입니다.

먼저 차지하면 될까

이런 이유로 땅에 대해서만은 무슨 근거로 소유권을 인정할 것인가에 대해 그동안 많은 논의가 있었습니다. 성경에서도 "가장 높은 하늘이 여호와의 것이다. 그러나 그분은 땅을 사람에게 주셨다"(《시편》 115장 16절)는 구절이 나오는데요, 17세기 영국의 정치 사상가 존 로크John Locke는 이를 근거로 땅은 원래 인류 전체가 공유하는 것이었다고 말하기도 했습니다.

어떤 학자는 땅에 대해서 소유를 인정하는 것은 그 사람이 가장 먼저 그 땅을 차지했기 때문이라고 합니다. 조금 어려운 말로 이를 '선점先占'이라고 합니다. 먼저 점유했다는 뜻입니다. 하지만 이 '선점'이라는 행위는 누구도 본 일이 없고, 어떤 기록에도 남아 있지 않습니다. 정말로 토지 소유권이 선점에 의해서 확립된 것이라는 충분한 근거는 없습니다. 우리 역사에서는 토지 소유권이 삼국 시대쯤에 확립되었다고 보는데, 소유권이 선점에 의해서 인정되었다는 아무런 자료도, 근거도 없습니다.

선점의 문제

설령 선점에 의해 최초의 토지 소유권이 확립되었다 하더라도 문제는 또 있습니다. 먼저 도착한 누군가가 모든 땅을 자기 것이라고 주장한다면 조금 늦게 도착했다는 이유로 나머지 사람들은 아무 권리도 주장할 수 없게 되는데, 이것은 정당해 보이지 않으니까요. 늦게 도착한 사람들이 그의 땅을 빼앗으려고 힘을 쓸지도 모르고, 그렇게 되면 세상은 크게 혼란스러워지겠지요.

영화 〈파 앤드 어웨이Far and Away〉의 배경은 미국 서부 개척 시대입

니다. 영화에는 미국에 도착한 사람들에게 말을 타고 간 만큼 땅을 공짜로 나누어 주는 행사 장면이 나옵니다. 이 장면이 마치 '선점' 같지만, 그 땅은 사실 주인이 없는 땅이 아니었을 겁니다. 미국에는 이미 아메리카 원주민이 살고 있었으니까요. 그들 대부분은 백인들과 벌인 전쟁에서 죽거나 백인들이 가져온 전염병에 걸려 사망했습니다. 그 바람에 새로 이주해 온 백인들이 미국 전역을 차지하게 된 것이지요.

언저 차지한 사람이 주인이라고? 늦게 온 게 좌는 아니잖아! 이상해, 이상해!

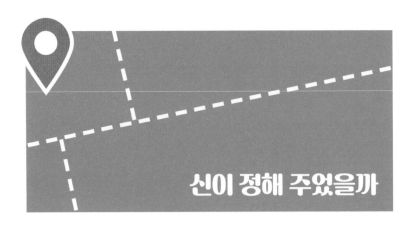

신이 정해 주었을까

　　　선점으로 토지 소유권의 기원을 설명하기 곤
란해지자 어떤 학자들은 소유권은 신이 부여한 것이라고 주장했습
니다. '소유권은 신성한 권리'라는 말은 지금도 많은 사람이 하고 있
습니다. 신은 만인에게 공평한 존재여야 할 텐데, 토지 소유권을 신
이 부여한 것이라면 '왜 나는 땅이 한 평도 없는가'라는 사람들의 불
만은 도저히 설명할 길이 없습니다.

　　19세기 프랑스 사상가 프루동 Pierre Joseph Proudhon 은 "소유는 도둑
질"이라는 충격적인 주장을 했습니다. 그만큼 소유권, 특히 토지 소
유권의 이론적 근거가 확실하지 않다는 사실을 말해 줍니다. 오히
려 〈파 앤드 어웨이〉에서 알 수 있는 것은 땅을 나누어 주는 행사를
국가가 주관했다는 사실입니다. 이것은, 소유권은 국가가 보장해 주
는 것이기 때문에 토지 소유권도 결국 국가 성립과 완전히 맞물려

있다는 걸 말해 줍니다. 즉, 소유권은 국가가 생기면서 인정되기 시작했고, 소유자는 국가의 보호를 받는 대신 세금을 내거나 사회 유지에 꼭 필요한 농경을 맡았다고 보는 것이 타당할 것입니다.

▲ 프루동. 사유 재산을 부정했고, 힘 대신 정의를 가치의 척도로 삼아야 한다고 주장했다.

소유는 도둑질이야!

고려 시대의 승려 일연이 쓴《삼국유사》(1281)
에는 단군의 아버지인 환웅이 하늘에서 내려왔다고 기록되어 있습니
다. 그렇다면 우리의 선조는 어디에선가 우리 땅으로 이주해 온 것입
니다. 바람과 비와 구름을 다루는 풍백, 우사, 운사를 데리고 왔다고
했는데, 바람과 비와 구름은 모두 농사짓는 것과 관련이 있습니다.
따라서 환웅이 데려온 사람들은 농경에 꼭 필요한 물을 잘 관리하는
수리 전문가였을 가능성이 매우 큽니다.

단군신화에서 사람이 되지 못한 호랑이는 호랑이를 수호신으로
섬기는 부족으로, 땅에서 쫓겨났습니다. 아마 이 땅은 환웅이 데려온
사람들이 점거했겠지요. 쑥과 마늘을 먹고 사람이 된 곰은 곰을 수
호신으로 섬기는 부족으로, 환웅이 데려온 사람들과 화합하며 살게
된 것이고, 따라서 자신의 땅을 빼앗기지 않았을 겁니다.

여기서 중요한 것은 이 점입니다. 비록 환웅이 호랑이 부족의 땅을 빼앗았어도 우수한 농경 기술로 그 지역을 풍족하게 했기 때문에 지배의 정당성을 얻었다는 것이지요. 널리 인간을 이롭게 한다는 '홍익인간弘益人間'은 단지 이념이 아니라 실제 농업 생산물로 먹고사는 문제를 해결해 주었다는 말이라고 생각됩니다. 단군신화는 고조선 시대부터 농업 생산력이 커지기 시작했음을 말해 줍니다.

땅 주인의 의무

어떤 사람에게 토지 소유권을 인정했다면, 그것은 그 사람이 그 땅에서 무언가를 '생산'해 냈다고 인정받았기 때문입니다. 여기서 생산은 농사를 지어 얻은 것들, 예를 들면 쌀·과일·채소 등을 말한다고 생각하면 됩니다. 물론 소유자는 그 생산물의 대부분을 가져가는 엄청난 이익을 얻지만, 세금을 내야 할 의무와 계속 무언가를 생산해 내야 하는 의무도 최소한 져야 합니다.

조선 시대의 법전인 《경국대전經國大典》에는 땅 주인이 3년간 땅을 놀리고 농사를 짓지 않으면 다른 사람이 관에 이런 사실을 신고하고 그 땅에서 경작할 수 있게 하는 조항이 있었습니다. 현대 법에도 이런 조항이 있습니다. 우리나라 '농지법'에 따르면, 지금도 농지를 경작하지 않으면 시장이 신청을 받아 다른 사람이 경작할 수 있게 합

▲ 조선 시대 법전 《경국대전》. 고려 말부터 조선 성종 초까지 100년 동안 반포된 법령, 교지, 관례 등을 총망라했다.

니다. 심지어 그동안 법원에서도 남의 땅에서 허락받지 않고 경작을 했어도 땅 주인이 거기서 자란 농작물을 함부로 훼손할 수 없고, 그 농작물은 농사지은 사람의 것이라고 판결해 왔습니다.

이처럼 조선 시대만이 아니라 현대에도 땅 주인에게 일종의 생산 의무를 지우고 있습니다. 따라서 토지 소유권의 대전

저 기름진 땅을 놀리다니!
슬쩍 콩이라도 심어야겠구만~

조선 시대엔
땅 주인이 3년간 땅을 놀리면
신고를 당했대. 땅 주인은 땅에 뭐라도
심어야 하는 게 의무였던 거지.

제는 소유자가 반드시 사회 유지를 위해 '생산'을 해야 한다는 것입니다.

땅 이용권만 허용하는 공산주의 국가

지금까지 보았듯이 토지 소유권은 근거가 확실하지 않습니다. 따라서 땅에 대해서는 아예 소유권을 인정하지 말아야 한다는 주장도 가능합니다. 생산을 개인이 아니라 국가가 담당하는 시스템에서는 토지에 대한 개인 소유를 인정할 필요가 없습니다.

중국이나 북한 같은 공산주의 국가들은 생산수단이 개인 소유가 아니라서, 생산수단의 일종인 토지 또한 개인 소유를 인정하지 않습니다. 이른바 개혁, 개방 이후의 중국도 토지에 대한 장기 이용권만을 줄 뿐 소유권을 인정하지는 않습니다. 북한 역시 남북 교류가 중단되기 전의 개성이나 금강산처럼 개방을 한 지역에서는 외국인 투자자들에게 토지 이용권만을 인정했습니다.

공산주의 국가처럼 토지 소유권을 부정하는 것까지는 아니지만, 땅은 개인이 노력해서 얻은 성과물이 아니기 때문에 다른 경우보다 훨씬 많이 규제하고 세금도 물려야 한다는 주장은 인류 역사에서 항상 있었습니다. 뉴스와 신문을 유심히 보면 알 수 있듯이, 땅을 많이 가진 사람들에게 더 많은 규제를 가하고 세금을 물려야 한다는 주

▲ 중국 같은 공산주의 국가에선 개인이 땅을 소유할 수 없다. 소유권 대신 이용권이 있다.

장은 선거 때마다 반복해서 나옵니다.

　거듭 강조했듯이 땅 자체가 한정돼 있는 데다 인간이 노동해서 만든 것도 아니기 때문이지요. 그럼에도 소유권은 생겼고, 땅 주인들에 대한 보호와 규제는 시대마다 달랐습니다.

2장

세금
이야기

국가가 세워지면
국가를 운영하는 데 돈이 들어.
인류는 아주 오랫동안 그 돈을
땅을 가진 사람들한테서 걷었어.
한정된 귀한 자원을 소유한 대가로 말이지.
그래서 땅과 세금은
떼려야 뗄 수 없는 관계야.

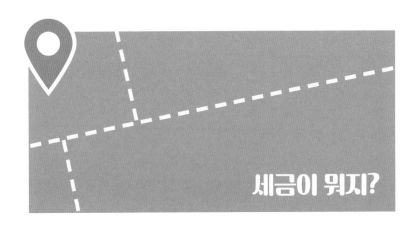

세금이 뭐지?

토지 제도와 세금 제도는 동전의 앞뒤처럼 긴밀하게 연결돼 있습니다. 앞서 말했듯이 국가가 생기면서 토지 소유권도 생겼을 거라고 많은 학자가 얘기합니다. 당연히 국가는 토지 소유권을 보호하는 대신 나라 살림에 필요한 돈을 마련하기 위해 땅을 가진 사람들에게 세금을 내라고 했을 겁니다. 소유권, 국가, 세금은 마치 한 몸처럼 연결되어 있는 것이죠.

현대 자본주의 사회[●]에서 부는 회사와 개인의 경제 활동, 회사 간

🔍 자본주의 사회

자본주의 사회는 자본 즉, 땅이나 공장, 돈 등을 가진 자본가가 노동자를 고용해 생산시키는 사회다. 노동자는 자본가와 평등하고 직업도 자유롭게 선택할 수 있는 것처럼 보이지만 실상은 그렇지 않다. 일자리를 잃어 돈을 벌지 못하면 생존이 어렵다. 따라서 노동자들은 저임금과 장시간 노동 등 불리한 조건을 받아들일 수밖에 없는 처지다. 한편 중세나 전근대 사회는 신분 사회다. 귀족이 토지 등을 소유하고, 농노들은 귀족에게 속박되어 일해야 했다.

▲ 국회의사당

우리나라의 경우
정부가 내년에 쓸 돈을 미리 계산해서
국회에 제출해. 그럼 국회의원들이 헛돈이 쓰이지
않게 잘 계획했는지 검토하지.
예산안이 무사히 통과되면 이제 돈을 쓸 수 있어.
물론 연말쯤에 걷은 세금과 쓴 돈이 얼마나
차이 나는지 다시 한번 국회에 보고해야 해.

의 거래 등에서 발생하기 때문에 세금도 토지에서 걷는 것보다는 회사와 개인이 벌어들이는 소득과 일반 상거래에서 거두어들이는 것이 더 많습니다. 하지만 조선 시대 같은 자본주의 이전 사회에서는 주로 농사를 지어 먹고살았기 때문에 세금 또한 토지에서 걷거나 사람에게 걷을 수밖에 없었습니다.

국가가 국민에게서 걷는 세금을 '세수稅收'라고 합니다. 보통 현대 국가에서는 내년에 쓸 돈을 임시로 계산해서 국회에 제출한 후 국회 동의를 얻어 마련합니다. 그 다음 해 연말에 실제로 걷은 세금과 정부에서 한 해 동안 쓴 돈이 얼마나 차이가 나는지 다시 한번 국회에 보고하는 절차를 밟고요.

조선 시대에 세금을 얼마나 걷어 썼는지에 대한 기록은 현재 남아 있지 않습니다. 구한말 자료는 남아 있는데, 전체 세수 중 토지에서 걷은 것이 60퍼센트가 넘었다고 하네요. 이렇게 보면 조선 시대에도 대부분의 세수가 토지에서 나왔을 겁니다.

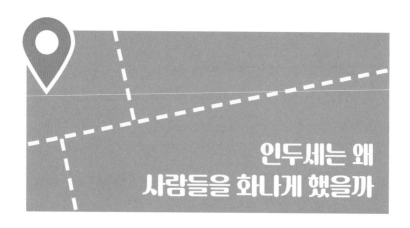

인두세는 왜
사람들을 화나게 했을까

　　땅에서 걷는 세금과 1인당 얼마씩 걷는 세금 중 어떤 것이 더 좋은 제도일까요? 한 사람당 얼마씩 걷는 세금을 인두세人頭稅라고 하는데, 국가 입장에서는 세금 액수를 계산하기 쉬우니 선호하는 세금 제도였을 것 같습니다.

　역사를 살펴보면 인두세는 늘 가난한 사람들의 반발을 샀습니다. 세상에는 늘 가난한 사람과 부유한 사람이 공존합니다. 그런데 재산의 많고 적음을 따지지 않고 부자나 가난한 사람이나 똑같이 걷으니 가난한 사람들로서는 억울하지요. 부자야 세금을 내는 것이 재산을 조금 축내는 정도겠습니다만, 가난한 사람에게는 죽느냐 사느냐 하는, 생존을 위협하는 것일 수 있으니까요. 아무것도 없는 사람에게 세금을 내라고 하면 생활이 더 어려워져 반발할 수밖에 없는 겁니다.

와트 타일러의 난

1380년 영국에서 프랑스와 치를 전쟁 비용을 마련하려고 15세 이상 남녀 모두에게 인두세를 내라고 하자 와트 타일러Wat Tyler를 지도자로 하는 대규모의 농민반란이 일어났습니다. 농민들은 인두세 폐지를 외치면서 런던까지 진격했습니다. 자신들을 괴롭히던 귀족과 주교를 처형하고 왕에게 모든 봉건적 부담과 세금을 폐지하는 내용의 농노 해방 약속까지 받아내지요.

하지만 와트 타일러가 왕에게 속아 살해되면서 반란은 실패로 끝납니다. 왕은 농노 해방 약속을 찢어 버리고, 반란에 가담한 백성들을 1500명 넘게 처형합니다. 우리 역사에도 가혹한 세금 때문에 백성들이 들고일어난 사건이 많습니다.

가난한 사람들은 인두세가 부담스러워 자식을 숨기는 경우도 있었습니다. 중국 청나라에서 있었던 일입니다. 청나라는 강희제 때 인두세를 폐지했습니다. 강희제는 특정한 시점을 기준으로 그전에 태어난 사람에게서 인두세를 그대로 걷고 그 이후에 태어난 사람들에게는 인두세를 폐지했는데, 그러자 갑자기 청나라 인구가 불어납니다. 인두세 때문에 숨겨 놓았던 자식들을 신고하면서 벌어진 현상이지요.

▲ 인두세에 반발해 일어난 와트 타일러의 난. 농민군들이 왕에게 요구 사항을 전달하는 장면

균역법도 인두세

우리 역사를 보면 조선 시대 균역법이 대표적인 인두세입니다. 균역법은 1인당 군포 1필을 바치는 세금인데, 군포 1필은 요즘으로 치면 100만 원 정도라고 합니다. 그때나 지금이나 서민들에게는 큰 부담이 되는 액수지요. 균역법은 기존의 2필이던 군포를 1필로 줄인 획기적인 제도라고 평가받지만, 1필도 백성들에게는 큰 부담이 되었을 것 같습니다. 조선도 청나라처럼 인두세를 없애는 개혁을 했더라면 훨씬 좋았을 것입니다.

현재 우리나라는 재산이 없고 버는 돈도 없는 사람에게는 세금을 걷지 않습니다. 인두세가 거의 없는 것이지요. 유일하게 존재하는 인두세가 주민세인데, 세대주가 1년에 1만 원 안 되게 내는 정도니 큰 부담이 되지는 않습니다.

현재 인두세가 남아 있는 나라는 거의 없습니다. 그 이유는 언론의 자유가 보장되고 다수결 원칙에 의해 법이 제정되기 때문에 인두세 같은 불공평한 세제는 남아 있기 힘들기 때문이지요. 따라서 민주주의가 작동하는 나라에서는 당연히 재산과 소득의 많고 적음에 따라 세금을 내게 돼 있습니다.

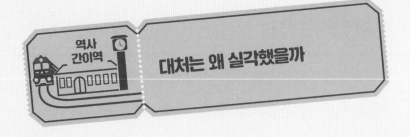

대처는 왜 실각했을까

▲ 마거릿 대처

영국의 유명한 수상 중 한 사람이 마거릿 대처(Margaret Thatcher, 1925~2013)입니다. 흔히 '철의 여인'이라고 하는데 배경은 이렇습니다. 영국 탄광노조는 영국 노동운동의 출발점이라고 할 정도로 힘이 강력했습니다. 이런 탄광노조가 1년여 동안 파업을 벌이는데도 대처는 꿈쩍하지 않았습니다. 결국 노조가 굴복하지요. '철의 여인'으로 불린 결정적 사건입니다.

대처는 11년 동안 수상을 지냈는데, 이 자리에서 내려오게 된 사건이 바로 인두세 도입입니다. 대처는 재산에 따라 세금을 낼 경우 상류층이 많이 내게 되니 상류층을 보호하기 위해 역사의 유물이나 마찬가지인 인두세를 꺼내 들었습니다. 당연히 시민들은 거세게 항의했지요. 시민들은 상점에 불을 지르는 등 폭동을 일으킬 정도로 반발했습니다. 대처는 자리에서 물러날 수밖에 없었고, 대처의 후임인 존 메이저John Major 는 인두세를 폐지합니다.

전근대 국가뿐 아니라 현대 국가도 세금 문제로 나라가 뒤흔들릴 수 있음을 보여 준 대표적인 사건이지요. 그래서 공정하게 세금을 거두어들이는 일이 정말 중요합니다.

와,
사랑들 좀 봐.
얼마나 화가 났으면 저렇게 많이 나왔을까?
인두세는 잘사는 사랑이나 못사는 사랑이나
똑같이 내게 하는 불공평한 세금이지!

▲ 인두세 도입에 항의하는 사람들

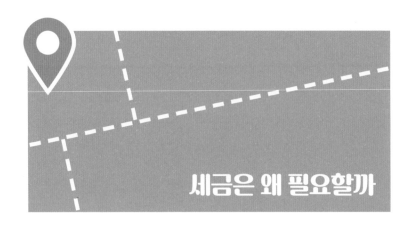

세금은 왜 필요할까

         국가는 여러 일을 합니다. 국민끼리 다투면 규정에 따라 공정하게 해결해 주고, 외부의 적으로부터 국민을 지켜 주는 등의 일을 하지요. 20세기에 민주주의가 확산되면서 국민의 인권과 복지를 증진하는 것이 국가의 당연한 역할로 받아들여졌지만, 그전에는 백성들을 외부의 적으로부터 안전하게 지켜 주는 것이 중요한 임무였습니다. 전쟁에서 패하면 나라가 없어져 떠돌거나 승리한 나라에 노예로 끌려갔으니까요. 일례로 《삼국사기》를 보면 신라와 함께 백제를 멸망시킨 후 당나라 장수 소정방은 백제의 왕, 태자, 왕자 3명, 대신 88명, 백성 1만 2807명을 모두 자기 나라로 끌고 갔습니다. 지금으로 치면 한 나라의 핵심 인재들을 노예로 끌고 간 셈이지요.

전쟁엔 돈이 든다

우리 선조가 살았던 동아시아에도 강한 나라가 많았습니다. 그런데 상당수는 역사책에만 나올 뿐 흔적도 없이 사라졌습니다. 고려를 여러 번 쳐들어온 거란은 발해를 멸망시키고 중국으로부터 상당한 영토를 빼앗은 강국입니다. 거란의 침략으로 고려의 왕은 수도를 버리고 남쪽으로 도망가야 했습니다. 강감찬 장군이 귀주에서 크게 승리하기는 했지만, 고려는 결국 거란을 황제국으로 예우해야 했지요. 또한 금나라는 세계적인 수준의 경제력과 문화를 자랑하는 송나라를 점령했을 뿐 아니라 두 명의 송나라 황제를 납치까지 합니다. 하지만 이처럼 강력했던 금나라나 요나라는 지금 그 흔적도 찾을 수 없습니다.

전쟁으로 상대 국가를 제압하는 것이 일상이었던 과거에는 전쟁을 잘 치르는 능력이 나라의 흥망을 좌우했습니다. 전쟁은 많은 사람이 동원되고 자원이 드는, 비싼 값을 치러야 하는 국가 행위입니다. 전쟁 비용은 세금으로 조달할 수밖에 없었기 때문에 전쟁에서 이기는 나라는 세금을 안정적으로 걷는 나라라고 할 수 있습니다.

조선 전기에 세종대왕이 4군 6진*을 개척하고 대마도 정벌까지 단행한 것은 아마도 과전법 체제가 잘 정비되었기 때문이라고 할 수 있습니다. (과전법은 뒤에서 더 자세히 다루겠습니다.) 즉, 토지에서 세금이 잘 걷혀 충분한 전쟁 비용이 마련되었기 때문이죠. 임신왜란 내 일본

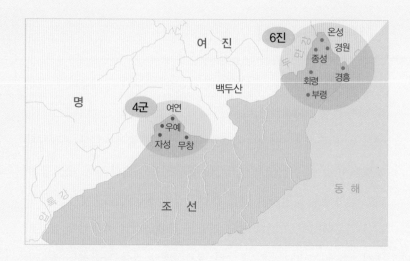

전쟁에서
이긴다는 건 전쟁을 치를 비용을 갖고
있다는 말이야. 그 비용은 어디서 나올까?
세금이지.
그래서 승전국은 세금이 잘 걷히는 안정된 나라로도 볼 수 있어.
세종대왕 때 여진족을 몰아내고 4군 6진을 설치할 수
있었던 것도 당시에 세금이 잘 걷혀
나라 재정이 안정돼 있었단 증거겠지.

군에게 고전을 면치 못했던 이유 중 하나가 조선 중기 이후 과전법 체제가 무너지면서 세금이 잘 걷히지 않아서였습니다. 세금을 걷으려면 누가 땅 주인인지 확인해야 합니다. 이를 밭의 수량을 정한다는 의미의 '양전量田 사업'이라고 하는데, 조선 왕조는 숙종(1720) 이후 전국적으로 양전 사업을 하지 못했습니다. 당연히 세금이 제대로 걷힐 리 없지요.

뇌물을 받는 이유

세금이 걷히지 않으면 어떤 일이 일어날까요? 조선 후기 성군으로 추앙받은 영조 때에도 관리들이 백성에게 돈을 뜯어내거나 뇌물을 받는 일이 많았습니다. 관리들에게 녹봉 등을 제대로 지급하지 못했기 때문이지요. 지금으로 치면 경찰청과 검찰청에 해당되는 사헌부와 형조의 관리들도 못 받을 정도였으니까요. 그럼 관리들은 어떻게 할까요? 사람들을 잡아 가둘 수 있는 권한을 악용해서 백성에게 돈을 뜯어내거나 뇌물을 받게 되는 겁니다.

📍 4군 6진

4군은 세종 때 서북 방면의 여진족을 막기 위해 여연·자성·무창·우예에 설치한 국방상의 요지고, 6진 역시 세종 때 동북 방면의 여진족을 막기 위해 두만강의 중·하류인 온성·종성·경원·경흥·회령·부령에 설치한 국방상의 요지이다. 4군과 6진을 설치함으로써 조선, 나아가 지금 우리나라 남북한의 영토가 확정되었다.

공무원의 월급이 낮고 예산이 부족하던 시절의 대한민국에서도 비슷한 일이 있었습니다. 대한민국은 1960년대 후반까지 세금으로 전체 국가 예산을 충당하지 못했습니다. 전쟁 직후에는 예산의 절반가량을 미국에서 받았습니다. 나라 재정 상태가 이렇다 보니 나라에서는 부족한 재정을 메우기 위한 방법을 동원합니다. 교통 위반 단속도 한 예입니다. 경찰들이 사람들이 자주 법규를 위반하는 곳에서 일부러 단속을 했습니다.

교통 법규의 목적은 국민이 법규를 지키게 해서 교통사고를 막는 것입니다. 그래서 지금은 과속할 만한 곳에 단속 장비를 설치하고 그 위치까지 알려 줍니다. 운전자들은 그곳에서 법규를 어기지 않으려고 속도를 줄이죠. 이렇게 되면 결과적으로 과속이 줄고 교통사고도 줄어듭니다.

하지만 과거에는 교통사고를 막기 위한 것이 아니라 부족한 재정을 메우기 위해 단속을 한 것입니다. 그 돈으로 차 같은 경찰 업무에 필요한 것들을 사게 한 적도 있었다니, 경찰들이 상급자의 지시에 따라 필요 이상으로 단속을 했던 것이지요.

공무원들은 왜
백성을 갈취했을까

　　　　　　아래는 《추관지秋官志*》에 실린 영조 때 일입니
다. 당시 실상을 알 수 있어 그대로 인용합니다.

　　송사를 당한 백성이 법정에 들어가기만 하면 하인이 뇌물을 강요하고
　　아전이 또 뇌물을 요구하니 불쌍한 백성은 그 괴로움을 이기지 못한
　　다. 그런데 죄를 확정하여 법률을 적용할 때에 가서는 관가에서 다시
　　죄를 면하기 위하여 바치는 돈(속전)을 독촉하고 있다. 이것이 어찌 군
　　자의 정치란 말인가!

추관지

정조 5년(1781)에 형조판서 김노진이 박일원에게 정리, 편찬하게 한 형법서. 형조의 업무, 판결, 처
형 절차까지 체계적으로 기술한 것으로, 18세기 형법을 엿볼 수 있다.

▲《추관지》

다음과 같은 내용입니다. 재판을 받으러 법정에 가면 관아의 하인부터 하급 관리까지 온갖 뇌물을 요구하고, 유죄가 확정되면 죄를 면해 주겠다면서 또 돈을 요구했다는 것입니다. 만약 지금 이런 일이 있다면 언론에서 그 부조리함을 지적했을 것이고, 여론이 나빠져 국회의원이나 대통령 등 국민의 손에 뽑힌 공무원들이 해결책을 찾으려 했을 겁니다. 하지만 조선 시대는 양반 중심의 계급 사회였습니다. 백성들에게 언론의 자유나 참정권이 없었기 때문에 왕이 아무리 성군이더라도 양반들이 저지르는 부당한 짓을 근본적으로 막을 수는 없었습니다.

심지어 조선 후기에는 사헌부와 형조의 관리들이 녹봉을 가져가고 경비를 충당하기 위해 시도 때도 없이 단속을 하고 벌금을 받아가 백성들의 고통이 이루 말할 수 없었다고 합니다.《추관지》에 보면 영조 때 이복영이라는 신하는 "난전에 대한 속전贖錢*의 징수는

📍 속전
죄를 면하기 위해 바치는 돈을 말한다.

오뉴월에도 등골이 오싹하게 한다"고 했습니다. 얼마나 단속과 벌금 징수가 가혹했으면 이런 말이 나왔을까요.

삼정이 문란해진 배경

영조, 정조의 시대가 끝난 뒤 나라는 더 어려워집니다.《조선왕조실록》에 따르면, 순조 16년 호조판서 정만석이 다음과 같이 보고합니다.

> 금년에 받아들인 것이 쌀 8만 석, 돈 14만 냥, 목면 6백 동인데 1년에 들어가야 할 수량 중에 부족한 쌀과 돈은 3분의 1에 이르고, 부족한 목면은 거의 절반이나 되니, 이를 가지고 용도를 헤아려 볼 때 조절하여 지탱해 나갈 도리가 만무합니다. (…)

즉 국가 운영에 필요한 쌀과 돈이 3분의 1이 부족하다는 말입니다. 이 말은 국가 기관의 3분의 1은 작동하지 않는다는 말이나 다름없습니다. 이렇게 예산이 부족하면 국가는 작동하지 않고 관리들은 부족한 부분을 백성들에게 비정상적인 방법으로 뜯어내게 됩니다. 이런 배경에서 삼정이 문란해진 것이지요.

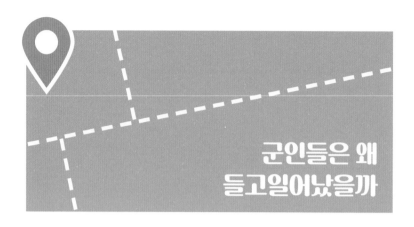

군인들은 왜
들고일어났을까

1910년 조선이 일본에 나라를 빼앗긴 원인에 열악한 재정 상태도 있었다고 볼 수 있습니다. 1882년에 임오군란壬午軍亂●이 일어납니다. 임오군란은 당시 군인들에게 봉급 대신 주어야 할 식량을 제대로 주지 않아 불만이 쌓인 군인들이 들고일어난 사건입니다. 군인들이 밥도 먹을 수 없는 상황인데 그 군인들이 과연 적군과 맞서 싸울 수나 있었을까요? 군인들에게 식량을 줄 수 없을 정도라면 당연히 무기도 제대로 지급이 되지 않았겠죠. 한마디로 구한말에 조선 군인이 일본군과 싸운다는 것은 기대할 수도 없는

📍 임오군란

1882년 구식 군인들에게 13개월 동안 밀린 봉급을 정부가 모래가 섞인 질 낮은 불량한 쌀로 지급하여 일어난 난이다. 분노한 군인들은 관련자들을 살해했다. 당시 나라를 쥐락펴락하던 명성황후는 이 소식을 듣고는 궁 밖으로 도주했다. 이를 빌미로 흥선대원군이 다시 권력을 잡았으나, 청나라 군대가 출동하여 난을 진압했다. 청나라는 흥선대원군을 청나라로 납치했다.

▶ 대한제국의 신식 군대 별기군. 1876년 강화도 조약을 체결한 이후 서구 열강의 침입이 심해지자 침입에 대비해 만든 군대다. 별기군은 봉급, 군복 면에서 좋은 대우를 받은 반면, 무위영·장어영 등의 구식 군대는 1년 넘게 봉급을 받지 못하는 등의 차별을 겪었다. 임오군란으로 별기군은 없어진다.

일이었습니다.

이런 배경을 감안하면, 의병이 일어나 일본군과 싸운 것은 어쩔 수 없는 일이었는지도 모릅니다. 조선이라는 나라는 군인들에게 식량도 줄 수 없을 만큼 사실상 붕괴 상태였기 때문에 백성들이 자발적으로 나선 것이지요.

이처럼 전근대 시대에는 토지 제도와 세금 제도가 한 몸처럼 얽혀 있었고, 이 둘의 관계가 국가의 흥망을 좌우할 정도로 중요했습니다. 그래서 역사적으로 모든 나라가 토지 제도를 중요시했지요.

군인은 나라를 지키는 데 꼭 필요한데, 이런 군인들에게조차 식량을 제대로 줄 수 없었다니, 당시 조선의 국고가 얼마나 텅 비어 있었을지 짐작이 되네.

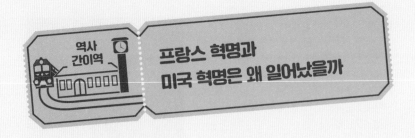

혁명이 일어나는 원인 중 하나가 많은 세금입니다. 대표적인 혁명
이 프랑스 혁명이지요.

프랑스 혁명은 1789년에 일어났습니다. 당시 프랑스는 신분 사회
였는데, 3개의 신분이 있었습니다. 가장 높은 제1신분은 귀족, 그다
음 신분인 제2신분은 성직자, 귀족과 성직자가 아닌 나머지 사람들
은 제3신분이었습니다. 상인, 사업가, 농민, 노동자 등이었지요. 즉
실제로 힘들게 일하는 사람들은 제3신분인데, 모든 특권과 권리, 혜
택은 제1, 2신분만 누리고 있었던 것이죠.

특히 어떤 특권을 누렸느냐면, 제1, 2신분은 여러 세금을 내지 않
았습니다. 한 예로 당시 프랑스에는 인두세가 있었습니다. 그런데
1710년 성직자 계급은 2400만 리브르(당시의 화폐 단위)를 나라에 내
고는 자신들은 영원히 인두세를 내지 않아도 된다는 허락을 받습니

다. 결국 각종 세금은 제3신분만 내게
되지요. 이 중 농민은 세금을 낼 뿐
만 아니라 나라에서 부르면 끌
려 나가 강제 노동도 해야
했습니다.

▲ 제1, 2신분 착취에 시달리는
제3신분의 현실을 보여 주는 캐리커처

아휴,
보기만 해도 제3신분의 삶이
얼마나 고달팠을지 느껴지네.
일은 일대로 하고, 세금은 세금대로 내야 했으니
얼마나 억울했을까!

세금 정수원의 횡포

더욱이 프랑스 정부는 세금 걷는 일을 몇몇 개인에게 주어 문제를 키웁니다. 즉 나라의 공무원이 세금을 걷은 것이 아니라, 특정한 개인에게 세금 걷을 권리를 준 것이죠. 이들을 '총괄 징세 청부업자'라고 하는데, 1726년에는 이마저도 한 사람이 맡게 됩니다.

사실 총괄 징세 청부업자의 배후에는 프랑스의 거대한 금융업자들이 있었습니다. 총괄 징세 청부업자는 독자적인 조직을 꾸려 세금을 과도하게 걷어서 남겨 먹었습니다. 당연히 제3신분은 크게 반발했죠. 프랑스 혁명 당시 시민들이 총괄 징세 청부업자의 사무실에 불을 지르면서 혁명을 시작했을 정도입니다.

한편 프랑스 정부는 생활필수품인 소금에까지 지나치게세금을 매겨 사람들의 성난 마음에 기름을 들이붓지요. 가난한 사람들은 살기가 더 어려워졌습니다. 그런데 어떤 지역은 소금세가 없는 등 지역마다 세율이 달라 시민들은 소금세를 특히 더 불공평한 세금으로 여겼습니다.

폭발한 제3신분

이렇게 세금을 거두어들이는데도 프랑스 정부의 재정 상태는 너무 안 좋았습니다. 세금을 걷으면 반 이상을 국가에서 빌려 쓴 돈의 이

▲ 18세기 영국 세금 징수원. 세금 징수원은 영국이든 프랑스든 보통의 백성에게 달갑지 않은 존재였음이 분명하다. 〈세금 징수원The tax collector〉, 토마스 롤랜드슨(Thomas Rowlandson, 1756-1827)

자로 내야 할 정도였지요. 부족한 돈을 메우려면 어쩔 수 없이 그동안 세금을 내지 않았던 제1, 2신분에게 걷을 수밖에 없습니다. 프랑스 왕실은 이들에게 조금이라도 세금을 내게 하려고 시도했지만 제1, 2신분은 끈질기게 반대합니다. 결국 이 싸움에서 왕이 지고 말죠. 왕은 마지막 수단으로 제1, 제2, 제3신분을 모두 모이게 하는 삼부회를 엽니다. 이 자리를 기회로 삼아 제3신분은 전면적인 개혁을 요구했지만, 왕은 거부합니다. 제3신분은 더는 참을 수 없어 무장하고 들고일어납니다. 구체제의 상징인 바스티유 감옥을 공격하면서 혁명이 시작되지요.

목이 잘린 왕과 왕비

혁명의 결과, 왕과 왕비는 붙잡혀 단두대에서 목이 잘립니다. 이것은 왕이 다스리던 시대가 끝났음을 의미합니다. 이후 프랑스에는 왕이 아닌 시민의 뜻에 따라 나라가 운영되는 공화정共和政이 들어섭니다. 새로 꾸려진 의회에서는 시민들을 가장 괴롭혔던 소금세를 포함한 모든 간접세(등록세, 인지세, 관세 제외)를 없앴습니다. 그리고 토지세와 가옥에 부가되는 가옥세, 상공업의 수입에 부과되는 영업세를 새

▶ 단두대에서 목이 잘린 루이 16세

로 만들었습니다.

하지만 이걸로도 나라에서 쓸 돈을 다 마련하기는 어려웠습니다.
정부는 결국 교회 재산을 전부 몰수하고 이를 담보로 아시냐라는
화폐를 발행했습니다. 그런데 이 화폐를 너무 많이 찍어 시중에 푸는
바람에 물가가 급격히 오릅니다. 그러자 그렇잖아도 가난한 사람들
은 더 살기가 팍팍해집니다. 이들이 들고일어나면서 혁명의 불길은
더 거세집니다.

"대표 없이 과세 없다!"

미국은 원래 영국 식민지였습니다. 그런데 영국과 전쟁을 벌여 승리하면서 독립하지요. 이것을 '미국 혁명'이라고 합니다. 미국이 영국에 맞서게 된 결정적인 이유도 부당하고 근거 없는 세금 때문이었습니다. 당시 식민지 사람들은 영국 의회에 대표자를 보낼 수 없었습니다. 영국은 권리는 주지 않고 설탕세, 인지세 등 세금만 걷어 갔지요. 식민지인들은 "대표 없이 과세 없다"는 주장을 하면서 크게 반발했습니다.

식민지인들이 반발하자 영국은 일부 품목엔 세금을 매기지 않기로 합니다. 하지만 대표적인 기호품인 차에 붙은 세금은 그대로 두지요. 여기에 차법Tea Act 을 시행해서 식민지 사람들을 자극합니다. 당시 영국에서는 동양 무역에 대한 독점권을 가지고 있던 동인도 회사가 경영난을 겪고 있었습니다. 동인도 회사가 파산하면, 주주들은 물론 영국 정부까지 큰 손해를 입을 상황이었지요.

영국 정부는 동인도 회사의 남아도는 차를 아메리카에 팔기로 합니다. 동인도 회사에 독점권을 주지요. 게다가 동인도 회사 차에는 세금을 낮게 매겨 매우 싼값에 팔 수 있게 합니다. 식민지 사람들은 아예 차를 거래조차 할 수 없게 했고요. 이렇다 보니 차 밀무역으로 먹고살던 식민지 상인들은 큰 타격을 입습니다.

▲ 미국 혁명의 불씨가 된 '보스턴 차 사건'

세금만 뜯어간 영국

식민지인들은 단단히 화가 났지요. 영국 정부가 재정이 어려워질 때마다 자신들에게 세금을 부과해 불만이 많았는데, 이제는 미국의 업체들까지 통제하려고 했기 때문입니다. 항의의 뜻으로 미국의 배들은 동인도 회사 차를 운반하려고 하지 않았습니다. 그러자 동인도 회사는 영국 배로 차를 실어 날랐지요. 영국 군대의 호위까지 받으면서 말입니다.

일부 식민지인들은 동인도 회사 대리점 사람들을 협박해 차를 창고에 보관하고 팔지 못하게 하거나 영국으로 돌려보내게 했습니다. 그런데 보스턴의 대리인들이 차를 받아들여 유통하려고 한 겁니다. 1773년 12월, 보스턴 항구 주민들은 대리인들에게 영국으로 배를 돌려보내라고 강력히 요구합니다. 동인도 사람들은 든든한 군대까지 있으니 그 말을 들어줄 리 없지요. 결국 식민지인들은 배에 올라 차 상자를 바다로 집어 던집니다. 이것이 미국 혁명의 불씨가 된 '보스턴 차 사건'입니다.

▲ 요크타운 전승 기념비

'보스턴 차 사건'을 시작으로 여기저기서 식민지인들이 들고일어났고, 훗날 미국의 초대 대통령이 되는 조지 워싱턴George Washington 의 지휘 아래 혁명군은 요크타운 전투에서 결정적 승리를 거둡니다. 그리고 마침내 미국은 독립하지요.

3장

토지 제도 1:
고조선에서
고려까지

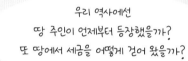

우리 역사에선
땅 주인이 언제부터 등장했을까?
또 땅에서 세금을 어떻게 걷어 왔을까?

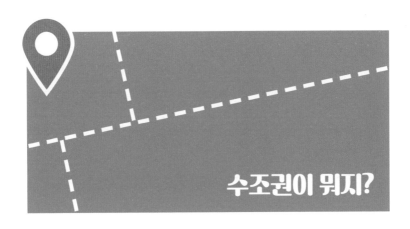

수조권이 뭐지?

　　　　　우리나라 토지 제도의 역사를 본격적으로 다
루기 전에 먼저 꼭 알아야 할 개념이 있습니다. 바로 '수조권收租權'입
니다. 선조들이 쓰던 말은 아니고 현대 학자들이 당시 토지 제도를
이해하기 위해 만들어 낸 개념이에요.

　고려, 조선 시대 역사를 보노라면 공전公田, 사전私田이란 말이 나
오는데요, 이건 땅 주인을 기준으로 나눈 말이 아닙니다. 수조권을
기준으로 한 구분이에요. 즉, 세금을 받을 권리가 국가에 있으면 공
전, 개인에게 있으면 사전인 거지요. 세금은 국가가 받는 것 아니냐
고요? 지금에야 그렇지만, 과거에는 꼭 그렇지는 않습니다.

세금을 걷을 수 있는 권리

고려 시대, 조선 초까지는 나라의 구석구석까지 관리할 수 있을 만큼 행정력이 발달하지 못했어요. 당연히 지금처럼 정부가 세금을 걷어 공무원에게 월급을 주는 식으로 나라를 운영하지 못했지요. 녹봉을 못 주는 대신 관리들에게 어떤 땅에 대해서 세금을 직접 걷을 권리를 주고, 그 세금으로 생활하도록 했습니다. 땅 주인이나 경작자는 따로 있고, 국가를 대신해 세금을 걷어서 자신의 생활비로 쓸 권리만 있는 것이지요. 학자들은 이러한 관리들의 권리를 수조권이라고 불렀습니다. 수조권은 조租를 받을[收] 권리[權] 즉, 말 그대로 세금을 걷을 수 있는 권리를 뜻해요. 지금 흔히 쓰는 조세라는 말도 여

고려, 조선 시대에는 공무원들에게
월급을 주는 대신 수조권을 줬대.
땅 주인이나 경작자한테서 세금을 걷어 쓰게 한 거지.
근데 이 공무원들이 적당히 걷지 않았다는 게 문제야!
더 뜯어가는 바람에 백성들만 등골이 빠졌지.

기서 나왔습니다. 관리들이 조를 받아서 그 일부를 국가에 납부하는 것을 세稅라고 했는데, 조와 세 이 둘이 합쳐져서 조세가 된 겁니다.

　조선 시대 과전법에 따르면, 조는 토지 1결°에 30두(생산량의 10분의 1)를 받고, 이 중 2두는 국가에 세금으로 내게 했습니다. 1결의 과전을 받은 관리가 있다면 매년 경작자에게 30두를 받아서 28두는 자신이 쓰고, 2두는 국가에 세금으로 낸 거죠. 그래서 사전에 대한 수조권은 지금 기준으로 하면 '세금+월급'이 합쳐져 있는 거라고 보면 됩니다.

왜 나를 째려보나?
나는 아닐세, 쩝.

문제 많은 수조권

그런데 문제가 있습니다. 관리들이 양심적이어서 조를 법대로만 걷으면 문제가 없는데, 정해진 것보다 더 걷을 수 있다는 것이죠. 그럼 땅 주인이나 경작자는 얼마나 힘들겠습니까. 속된 말로 삥을 뜯기는 거니까요. 토지 하나에 여러 명이 수조권을 행사하거나, 수조권자가 권력을 이용해 농민의 땅을 아예 빼앗는 악랄한 경우도 있었습니다.

그런데 세금을 걷는 관리들이 돈을 더 뜯어가는 문제는 우리나라뿐만 아니라 전 세계에서 벌어지는 일이었습니다. 2천여 년 전에 쓰인 성경에도 비슷한 이야기가 나옵니다. 〈누가복음〉 3장 12, 13절 내용입니다.

세리들도 세례를 받으러 왔다. 그들도 요한에게 물었다. "선생님, 우리는 어떻게 해야 합니까?"(12절) 요한이 그들에게 말했다. "세금을 거두도록 지시받은 액수 이상으로 거두지 마라."(13절)

성경에서 세리稅吏들은 죄인이나 이방인처럼 모든 사람이 싫어하

📍 **토지 1결**

토지 1결은 곡식 1결(300두)을 생산할 수 있는 면적이다. 따라서 생산성이 높은 땅은 넓지 않아도 1결이 될 수 있고, 생산성이 떨어지는 땅이면 면적이 넓게 나올 수도 있다. 1두는 1말과 같은 말이다.

는 아주 부정적인 사람으로 묘사됩니다. 세리는 요즘으로 치면 세금을 걷는 공무원이었는데, 정해진 것보다 더 걷어 사람들의 원성을 샀던 겁니다.

물론 선조들은 이런 수조권자의 횡포를 막기 위해 여러 제도를 마련했습니다. 위화도 회군 이후 권력을 잡은 신진 사대부들은 과전법을 공포하면서 정당한 사유 없이 경작자인 농민을 땅에서 쫓아내

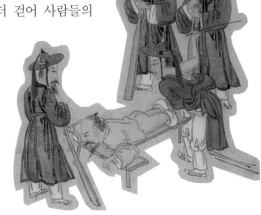

▲ 정당한 이유 없이 농민이 농사를 못 짓게 하면 수조권자들은 형벌을 받았다.

면 태형笞刑*과 장형杖刑*으로 다스렸습니다.

또한, 사전의 경우 고려 시대에는 무려 생산량의 2분의 1, 즉 반이나 세금으로 걷어 갔는데, 조선 시대에는 10분의 1로 줄어듭니다. 농민의 입장에서 생각하면, 조선 시대가 고려 시대보다는 발전된 사회였을 겁니다. 하지만 이러한 농민 중심의 제도나 정책은 우리 역사를 통틀어 예외적인 시기에만 실시되었다는 것이 씁쓸할 뿐입니다.

📍 태형과 장형

태형은 회초리로 때리는 형이고, 장형은 작은 몽둥이로 때리는 형이다. 영화나 드라마에서 자주 볼 수 있는 곤장은 군대에서만 썼다.

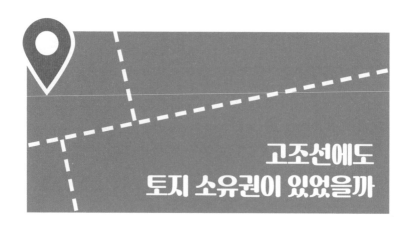

고조선에도 토지 소유권이 있었을까

고조선 시대의 토지 제도에 대해서는 명확한 기록이 남아 있지 않습니다. 추측해 볼 수밖에 없지요. 많은 학자가 토지를 개인 재산으로 여기기 시작한 것이 삼국 시대부터라고 보고 있습니다.[1] 즉 국가가 개인이 땅을 갖는 걸 허용하고 그런 개인을 보호해 주면서 토지에서 일정한 세금을 걷는 체제가 확립되었다는 것이지요. 만약 국가가 토지를 모두 갖고 있다면 굳이 세금이라는 것을 별도로 걷을 필요가 없을 테니까요.

단군신화가 말해 주는 것

고조선 시대에는 어떤 토지 제도가 있었을까요? 자세한 것은 알 수 없지만, 토지 소유 제도가 형성되어 가는 과정이 아니었을까 하고 조심스럽게 추측해 봅니다. 고조선에 관한 최초의 기록물은 승려 일연이 쓴《삼국유사*》입니다. 이 책에 단군신화가 나오거든요.

단군신화는 말 그대로 신화라서 있는 그대로 믿을 수는 없지만 그렇다고 해서 다 사실이 아닌 것은 아닙니다. 단군신화를 통해 몇 가지 사실을 유추는 해 볼 수 있습니다. 단군신화를 보면, 단군의 아버지인 환웅이 풍백, 우사, 운사라는 바람, 비, 구름을 다루는 존재를 데리고 하늘에서 내려왔다는 부분이 있습니다. 바람, 비, 구름은 농사를 짓는 데 아주 중요한 요소지요. 따라서 고조선은 이미 농경 사회로 진입했다는 사실을 알 수 있습니다. 농경 사회로 접어들었다면 땅을 관리하는 것은 매우 중요한 문제였을 것이고, 토지 소유권도 점점 생겨나고 있었을 겁니다.

중국의 역사책인 사마천의《사기史記*》에도 고조선에 대한 이야기가 나옵니다. 그 내용을 보면 고조선은 국가 형태를 갖춘 나라였습니다. 고조선 당시 중국에는 한나라가 들어서 있었는데, 한나라 무제는 만리장성을 넘어 흉노족을 공격하고 제압하는 등 땅을 넓혀 나갔습니다. 한 무제는 고조선에도 쳐들어왔습니다. 두 나라는 1년 넘

📍 삼국유사

고려 시대인 1281년 일연이 쓴 삼국 시대에 관한 역사책이다. 신화, 전설, 고승과 효자 등에 대한 이야기가 주로 실려 있다. 단군신화를 비롯한 신화 등을 통해 당시 사회를 추측해 볼 수 있게 하는 소중한 자료다.

게 치열한 전투를 벌였는데 결국 수도 왕검성(평양)이 함락되면서 고조선은 멸망하고 맙니다. 《사기》에서는 한 무제가 조선을 침략한 이유를 이렇게 설명합니다.

왕위가 아들에게 전해지고 다시 손자 우거에게 이르니 꾀어 들인 한나라의 백성이 점점 많아졌고, 또 황제를 찾아와 뵙지도 않았다. 또한 진번의 주위 나라들이 글을 올려 황제를 뵙고자 하면 가로막고 통하지 못하게 하였다.

쉽게 말하면, 고조선이 한나라에서 도망친 사람들을 많이 받아들였을 뿐만 아니라 독자적인 세력을 형성하고 인근 나라가 중국과 교류하는 것을 막았다는 겁니다. 당시에 중국은 고조선을 독자적인 세력으로 인정하지 않았던 것 같습니다. 하지만 이후 선조들이 오랫동안 노력하여 한반도는 독자적인 세력과 문화를 가진 곳으로 인정받게 됩니다.

📍 사기

전한 때 사마천이 쓴 역사책이다. 중국 고대부터 춘추전국시대를 거쳐 한나라 무제 때까지 다루고 있다. 기전체라는 서술 방식을 택하고 있는데 황제들에 관한 기록인 본기, 제후들에 관한 기록인 세가, 연표인 표, 각 사회 분야에 대한 기록인 서, 인물에 관한 기록인 열전으로 구성되어 있다. 동아시아 역사 기술의 모범이 된 책으로, 김부식의 《삼국사기》 또한 《사기》의 편집 체제를 따랐다. 사마천은 거세형인 궁형을 당하는 등의 큰 고초를 겪었으나, 뛰어난 역사 기록을 남겨 불굴의 의지를 가진 인물로 평가받는다.

·

▲ 강화 참성단. 강화도 마니산에 있다.

참성단이야.
단군이 하늘에 제사를 지내기 위해 쌓은 제단일 거래.
고조선에 관한 자료가 거의 없어서 어떤 사회였는지
분명히 알 순 없어. 하지만 중국의 오래된 역사책 《한서》에
고조선에선 남의 물건을 훔친 자를 처벌했다는 내용이 있는 걸로
봐선 소유권이 있었을 거라고 학자들은 보고 있지.

'도둑'의 의미

　고조선이 비록 한나라에 멸망했어도 당시 최강의 군대인 한나라에 맞서 장기전을 치렀다는 것 자체가 상당히 제도가 정비돼 있는 국가였음을 말해 줍니다. 특히 법 제도를 보면 그렇습니다.

　고조선에서는 8조의 법을 두어 8가지 행위를 금지했다[팔조법금八條法禁]고 합니다. 그중 3가지가 중국 역사책《한서漢書*》에 기록돼 있는데 다음과 같습니다.

> 첫째, 사람을 죽인 자는 사형에 처한다.
>
> 둘째, 남을 다치게 한 자는 곡물로 배상한다.
>
> 셋째, 남의 물건을 훔친 자는 데려다 노비로 삼으며, 속죄하고자 하는 자는 1인당 50만 전을 내야 한다.

　남의 물건을 훔친 자를 처벌했다는 것은 개인 재산을 보호해 주었다는 의미이지요. 소유권이 있었다는 얘기입니다. 보통의 물건 소유권을 지켜 주었다면 재산 중 가장 중요한 재산인 토지도 보호해 주

📍 한서

후한의 반고가 쓴 역사책이다. 한 고조 유방이 한나라를 창건한 때부터 왕망의 신나라가 망할 때까지의 역사를 다루고 있다. 사마천의 《사기》 이후 시대를 기록했다고 보면 된다. 《사기》의 편집 체제를 따랐다.

었으리라 추측해 볼 수 있습니다. 물론 현재로서는 정확히 알 수 없지만요.

삼국의 등장

고조선이 멸망한 뒤 한나라는 그곳에 한사군漢四郡이라는 기관을 설치해 직접 통치했습니다. 한사군은 낙랑, 현도, 임둔, 진번의 4개 군을 말하는데 한나라가 고조선을 멸망시키고 직접 통치하기 위해 설치한 행정, 군사기관이라고 할 수 있습니다. 한사군이 당시 고조선 땅에 있었던 것이 아니라는 주장도 있지만, 고구려·백제·신라 삼국 중 특히 고구려는 이 한사군과 싸우면서 성장한 것이 분명합니다. 고조선이 멸망하고 그 땅을 중국이 계속 지배했다면 고구려 자체가 있을 수 없으니까요. 그렇다면 삼국이 등장할 때 중국은 손놓고 있었을까요?

조선 시대까지 우리 역사는 중국과의 관계를 빼놓고 얘기할 수 없습니다. 당시 동아시아에서 가장 많은 영토와 힘을 가진 나라는 중국이었습니다. 중국은 우리나라를 침략할 수 있는 충분한 군대를 거느리고 있었고, 분열을 반복하다가도 통일만 되면 주변국뿐 아니라 우리나라에도 깊이 개입하려 들었습니다.

이런 점에서 고조선이 멸망한 이후에도 한나라가 계속 강력한 국가로 남았다면 우리에겐 삼국 시대가 없었을지도 모릅니다. 하지만 한나라는 지배층의 부정부패와 무능 등 내부 문제로 급격히 힘을 잃고 북방 민족의 침입까지 받으면서 결국 무너집니다. 이후 중국은 위진남북조 시대를 맞이하죠.

지금도 유명한 소설인《삼국지연의》는 후한 말기부터 위진남북조 시대 초기까지를 다루고 있습니다. 이때 한반도에서는 고구려, 백제, 신라 삼국이 국가의 틀을 갖추어 갔습니다. 중국이 분열된 틈을 타서 삼국이 힘을 키운 것이죠. 이 중 고구려는 분할된 중국의 여러 나라로부터 침략을 받았지만, 그 국가들은 강력한 통일 국가가 아니었기 때문에 방어가 가능했습니다.

외교 전략을 쓴 신라

삼국 시대가 끝나고 통일신라가 들어선 것은 안으로는 신라의 국력이 커졌고, 밖으론 중국이 수나라와 당나라로 통일되었기 때문이지요. 당나라는 강력한 군사력을 바탕으로 신라와 연합해서 백제와 고구려를 차례로 멸망시켰고, 이후 신라도 멸망시키려고 했지만, 신라가 당나라와의 전쟁에서 승리하는 바람에 뜻을 이루지 못합니다. 선조들은 이런 위기들을 잘 넘겨 가면서 한반도에 독자적인 문화를 구축했습니다.

삼국만 놓고 보면, 초기에는 백제가 강성했습니다. 고구려 왕이 백제 왕과 싸우다 전사할 정도였지요. 그다음으로 패권을 잡은 나라는 고구려입니다. 광개토대왕廣開土大王은 이름 그대로 국토를 크게 넓혔습니다. 신라에 쳐들어온 일본과도 싸워 크게 이기지요.

상대적으로 후발국이자 약소국이었던 신라가 그다음 강국으로 등장합니다. 신라는 군사력뿐만 아니라 외교도 적절히 잘 활용했습니다. 고구려가 힘이 세지자 백제와 동맹을 맺어 고구려에 맞섰고, 중국과 교역하는 데 유리한 한강 유역을 백제로부터 빼앗은 이후에는 이 동맹을 깨지요. 이런 신라에 맞서려고 이번엔 고구려와 백제가 동맹을 맺으니까 신라는 당나라와 동맹을 맺어 맞섭니다. 이 여세를 몰아 백제와 고구려를 멸망시키고, 마침내 통일신라 시대를 엽니다.

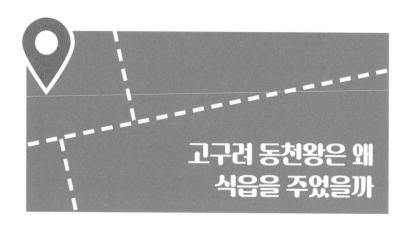

고구려 동천왕은 왜 식읍을 주었을까

삼국 시대에도 국가에 공을 세운 사람들이나 권력자들에게 수조권을 주었다는 기록이 《삼국사기》 여러 곳에 나옵니다. 어떤 유력자들은 식읍食邑이라고 해서 사람들을 강제로 노동시키고, 수조권을 행사할 수 있는 특정 마을이나 지역을 받기도 했습니다. 식읍은 먹을 '식食'에 고을 '읍邑' 자를 씁니다. 아마도 자신이 받은 지역에서 자신의 먹을거리를 마련할 수 있다는 의미가 아닐까 싶습니다. 다음 이야기에도 식읍이 나옵니다.

고구려는 동천왕 때 위나라 장수 관구검의 침략을 받습니다. 전투에서 패한 동천왕이 피신하는 등 고구려는 멸망할 위기에 처하죠. 관구검은 계속 동천왕을 추격합니다. 거의 모든 신하가 달아나고 밀우가 동천왕 곁에 남습니다. 밀우는 "관구검이 계속 쫓아오니 벗어날 수 없는 형편이옵니다. 신이 죽기 살기로 막으려 하오니 왕께서는 어서 피하십시오" 하며 결의를 보이죠.

밀우는 곧 결사대를 조직해 위나라와 격전을 치릅니다. 후에 왕이 사람을 보내어 밀우를 찾아보니 큰 부상을 입고 쓰러져 있었습니다. 다행히 살아 있었지요.

한편 유옥구는 위나라에 거짓 항복을 합니다. 그러고는 음식에 숨겨 놓았던 칼을 꺼내 위나라 장수를 찔러 죽이고, 자신도 죽습니다. 이때 동천왕이 위나라 군대를 급습해 간신히 승리를 거둡니다.

전쟁이 끝난 후 동천왕은 이 두 신하의 공로를 인정해 밀우에게는 식읍을 주고, 유옥구에게는 비록 죽었지만 높은 벼슬을 내립니다. 아들에게 따로 벼슬도 주고요.

식읍이 있다는 것은 그 지역 사람들에게 토지 소유권이 있다는 뜻이니, 이로 볼 때 삼국 시대에는 개인이 땅을 가질 수 있었다는 사실을 알 수 있습니다.

세금을 걷은 고구려, 백제

삼국 시대의 세금 제도는 중국 수나라 역사책인 《수서隋書》와 북주의 역사책인 《주서周書》에서 엿볼 수 있습니다. 먼저 고구려에 대한 기록입니다.

시종들이
있는 것으로 봐선 지배층일 것 같아.
중국 오래된 역사책들을 보면 고구려뿐 아니라
백제도 세금을 걷었대. 세금을 걷었다는 건
국가로서 뼈대를 갖췄다는 말이겠지.

▲ 고구려 수산리 고분 벽화 일부

조는 집마다 1석(=10두), 그다음 등급은 7두, 그다음은 5두를 내게 했다. (…) 세금은 명주, 베, 곡식으로 받았는데 그 사람이 가지고 있는 양에 따라 차등을 두어 거둬들였다.

다음은 백제에 대한 기록입니다.

세금은 베, 명주, 쌀 등으로 걷되 그해의 풍년과 흉년 여부를 헤아려 거둔다.

빈부에 따라, 풍년과 흉년에 따라 조를 걷었다는 것은 토지에 기반을 두고 세금을 걷었다는 의미입니다. 집마다 등급을 매겼다면 그 기준은 사람 수나 토지의 면적일 수밖에 없고, 풍년과 흉년 여부를 헤아려 세금을 걷었다면 마찬가지로 토지에서 나오는 농산물의 양에 따라 세금을 걷었다는 말입니다. 삼국 시대에도 토지 소유권을 보호하면서 토지에서 세금을 걷었다는 사실을 알 수 있지요.

통일신라는 〈신라 촌락 문서〉를 왜 기록했을까

      통일신라 시대의 토지 제도에 대해서는 삼국 시대보다 더 많은 것이 알려져 있습니다. 〈신라 촌락 문서〉 덕분입니다. 이 문서는 '신라 민정 문서', '신라장적新羅帳籍', '정창원 문서'라고도 합니다. 〈신라 촌락 문서〉는 통일신라 시대 충청도 청주 지역 4개 마을에 대한 행정 문서예요.

      〈신라 촌락 문서〉는 1933년도에 일본의 오래된 사찰 도다이사[東大寺]의 쇼소인[正倉院]이라는 목조 건물에서 우연히 발견됐습니다. 쇼소인에 보관하고 있던 옛날 불경이 훼손돼 복구하는 과정에서 불경을 말아 두는 데 쓰던 물건인 경질經帙의 내부에서 발견되었지요. 이걸 보면 아마도 불경이 통일신라 시대에 일본으로 유입된 게 아닐까 싶습니다.

▲ 〈신라 촌락 문서〉를 소장하고 있는 쇼소인. 쇼소인은 일본 왕실의 창고로, 〈신라 촌락 문서〉뿐 아니라 삼국, 통일신라 시대 유물도 다수 소장하고 있는 것으로 알려져 있다.

▲ 〈신라 촌락 문서〉

잘 갖추어진 토지, 세금 제도

물론 〈신라 촌락 문서〉의 내용만으로 통일신라 시대 토지 제도의 전체 모습을 알기는 어렵습니다. 하지만 통일신라 시대에 이미 토지 제도와 세금 제도가 상당한 정도로 정비되었다는 사실은 알 수 있지요.

앞서 말했듯이, 이 문서에는 청주 지역 4개 마을에 관한 자료가 담겨 있습니다. 단순히 논과 밭 등의 면적만 나오는 것이 아니라 마을에 거주하는 남녀의 나이별 인구, 뽕나무·잣나무·호두나무의 수, 소와 말의 수까지 기록되어 있습니다. 그런데 왜 이렇게 자세히 인구와 재산을 파악한 것일까요? 세금을 걷기 위해서였을 겁니다.

통일신라 시대에 중국은 당나라였습니다. 당나라는 동아시아의 선진국이었으니, 당나라 제도들은 우리나라와 일본에 모두 도입되었을 것입니다. 당나라는 백성이 꼭 내야 하는 세금을 크게 세 가지로 두었습니다. 흔히 '조용조'라고 하지요. 조租는 '토지에 대한 세금', 용庸은 '군 복무 혹은 토목공사 같은 나랏일에 강제로 쏟는 노동', 조調는 특산물로 내는 세금입니다. 이러한 세금 제도를 통일신라도 받아들였으리라 추측됩니다. 〈신라 촌락 문서〉에서 논밭 면적(조), 사람 수(용), 과실나무 수(조) 등을 파악한 이유를 알 수 있지요. 전쟁이 일어나면 사람과 자원을 징발하고, 평상시에는 파악된 토지 등 재산을 기준으로 세금을 부과했을 것으로 추측됩니다.

〈신라 촌락 문서〉에는 가구가 상상·상중·상하·중상·중중·중하· 하상·하중·하하 9등급으로 나뉘어 있고, 마을별로 계연計烟이라는 숫자가 기록되어 있었습니다. 이 숫자의 의미에 대해서는 학자들 의 견이 갈렸습니다. 그런데 한 역사학자가 네 마을을 분석해서 등급별 가구 수에 일정한 분수를 곱해 보니 계연의 숫자가 정확히 들어맞았 습니다. 이 네 마을에는 상상·상중·상하인 가구는 없었고, 중상부터 하하까지만 있었습니다. 중상인 가구 수에는 1을, 중중인 가구 수에 는 6분의 5를, 중하인 가구 수에는 6분의 4를, 하상인 가구 수에는 6 분의 3을, 하중인 가구 수에는 6분의 2를, 하하인 가구 수에는 6의 1 을 곱해 보니 정확히 마을별 계연 수와 일치했던 것입니다.

마을별로 계연이라는 숫자를 계산한 정확한 이유는 알 수 없습니 다. 하지만 지금의 대한민국 정부가 모든 땅에 매년 세금 부과의 기 준이 되는 가격인 공시지가를 정해 발표하는 것처럼, 이 계연이라는 숫자가 마을별 세금의 총량을 결정하는 중요한 기준이 되었다는 점 은 분명합니다.

세금을 위한 근거 자료

〈신라 촌락 문서〉의 정확한 의미에 대해서는 논란이 분분한데 어 찌 되었든 마을별로 이런 문서가 작성되었다면 통일신라는 상당히 효율적으로 나라를 운영했으리라 짐작됩니다. 이 문서 하나만 있으면 어떤 마을의 현황을 훤히 알 수 있으니까요. 이를테면 동원할 수 있는 사람과 자원을 모두 알 수 있는 겁니다.

토지 제도와 관련해서 〈신라 촌락 문서〉가 중요한 이유는 또 있습니다. 한 촌락의 경우 논밭의 90퍼센트 이상을 개인 가구가 소유하고 있다고 쓰여 있습니다. 90퍼센트 이상이 개인 가구의 소유라면, 통일신라 시대에 이미 개별 가구를 중심으로 세금을 걷었다는 사실을 알 수 있지요.

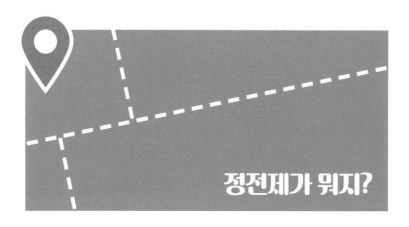

정전제가 뭐지?

통일신라의 토지 제도를 알려 주는 또 하나의 사료가 《삼국사기*》입니다. 《삼국사기》에는 성덕왕 21년(722)에 정전제丁田制를 실시했다는 기록이 있습니다. 정전제의 구체적인 내용이 전혀 나와 있지 않아 역시 추측해 볼 수밖에 없는데요, 정丁은 보통 성인 남자를 말하니 보통의 백성들에게 땅을 나누어 준 것이 아닐까 싶습니다. 중국 북위, 당나라에서 국가가 땅을 몰수한 후 백성들에게 일정한 면적을 나누어 준 균전제均田制와 비슷한 것이 아닐까

《삼국사기》

1145년 고려 시대 때 김부식이 왕의 명을 받아 편찬한 것으로, 우리나라에서 가장 오래된 역사책이다. 사마천이 쓴 《사기》의 편집 체제를 받아들여 제왕의 연대기인 본기, 지, 연표, 열전 순으로 되어 있다. 당시 남아 있는 역사책과 중국 역사책을 대조하면서 검증하여 쓴 것이라서, 삼국 시대 연구에 아주 귀중한 자료이다. 단재 신채호는 김부식이 사대주의에 젖어 《삼국사기》를 썼다고 비판했지만, 삼국의 역사를 제후국 역사인 '세가'가 아니라 '본기'로 칭한 점 등을 보면 무조건 사대주의에 빠졌다고 보기는 어렵다.

하는 분석도 있습니다.

하지만 토지 소유권이 확립되어 있는 상태에서 기존 토지에 균전제를 적용한다면 땅 주인들의 반발이 크겠죠. 그래서 균전제는 아니었으리라 학자들은 보고 있습니다. 그보다는 삼국을 통일한 지 얼마 안 된 시기이니, 새로 획득했거나 개간한 땅을 예외적으로 나누어 준 것이 아닐까 하는 주장이 우세합니다.

하지만 통일신라 후기로 갈수록 지배층의 횡포가 심해져 정전제는 제대로 실시되지 않았을 가능성이 큽니다. 농민들이 먹고살기 어려워 반란을 일으켰고, 전국 각지에서 호족들도 반기를 든 것을 보면 말이지요.

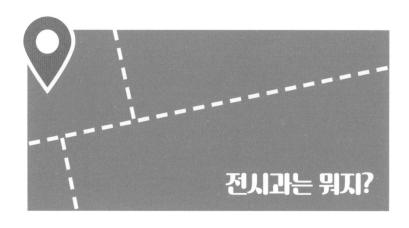

전시과는 뭐지?

《삼국사기》에서는 통일신라 말기를 이렇게 묘사합니다.

신라가 말세가 되어 정치가 거칠어지고 민심이 흩어지자 왕성 밖의 고을이 절반은 배반하고 원근에서 도적들이 벌떼처럼 일어나 개미처럼 모여들었다.

이런 혼란스러운 상황을 정리하고 들어선 나라가 고려입니다. 고려의 태조 왕건은 개성이 근거지였는데도 금성(지금의 전남 나주)까지 수군을 지휘하며 나아갈 만큼 능력이 뛰어난 장수였습니다.

또 왕건은 원수조차 용서할 정도로 배포가 큰 인물로도 유명합니다. 사연은 이렇습니다. 후백제의 왕 견훤이 신라의 경주에 쳐들어가

경애왕을 겁박하여 자살하게 하는 만행을 저지르자 왕건은 견훤과 일전을 벌입니다. 그런데 크게 패해 죽을 뻔하죠. 신하 신숭겸과 김락이 목숨을 버리고 왕건을 구합니다.

이후에 뜻밖의 일이 벌어집니다. 견훤이 큰아들에게 왕위를 빼앗기고 왕건에게 귀순할 뜻을 비친 겁니다. 보통의 사람이라면 자신을 죽이려 한 원수를 받아들이지 않았을 테지요. 하지만 왕건은 선뜻 받아들입니다. 심지어 후하게 대접까지 하지요. 그 결과 견훤의 도움을 받아 후백제와 치른 전투에서 승리하고, 고려도 건국하게 됩니다. 왕건이 원수까지 포용하는 모습을 보고 나머지 사람들도 안심하고 왕건에게 귀순했을 겁니다. 많은 호족이 스스로 복종했고요.

고려의 기반 '전시과'

고려는 전시과田柴科라는 제도로 나라의 기반을 다집니다. 전시는 밭 '전田'에 섶 '시柴' 자입니다. 섶은 산에서 나오는 잡목이나 땔감을 말합니다. 따라서 전시과는 먹을거리가 나오는 밭과 땔감이 나오는 임야에 대한 수조권을 배분하는 제도이지요.

전시과 전에 왕건은 역분전役分田 제도를 시행했다고 하는데, 자세한 내용은 알 수 없습니다. 고려를 건국하는 과정에서 공을 세운 사람들에게 토지를 나누어 준 것이라고 보는 학자들이 있습니다. 다시 강조하지만, 이 경우에도 땅에 대한 소유권을 준 것이 아니라 수조권을 나누어 준 것으로 보아야 합니다.

전시과는 5대 임금인 경종 때 처음 시행되었는데요, 고려가 건국된 지 약 40년이 되었을 때입니다. 나라가 안정될 무렵이었으니, 각지로 관리들을 보내야 했고 그 관리들에게 당연히 녹봉도 주어야 했지요. 특히 경종의 아버지인 광종 때 우리나라 최초로 과거 제도가 실시됐기 때문에 과거제로 뽑은 관리들에게 수조권을 줘야 했을 겁니다.

경종이 976년 시행한 전시과를 '시정始定' 전시과라고 합니다. 시정, 즉 '처음으로 정한' 전시과라는 뜻이죠. 목종 때인 998년 그 내용이 일부 바뀌어 '개정改定' 전시과라고 하고요. 문종 때인 1076년 다시 내용이 바뀌어서 '경정更定' 전시과라고 합니다.

논밭에서 세금을 걷을 권리

고려 초에는 사색공복제四色公服制를 시행했습니다. 관리를 크게 네 등급으로 나누고 서로 다른 색의 옷을 입혀 구분했습니다. 자주색[자삼紫衫], 빨간색[단삼丹衫], 옅은 빨간색[비삼緋衫], 녹색[녹삼綠衫]이 그것인데, 색깔별로 품위에 따라 지급되는 전지와 시지의 면적이 달랐습니다. 예를 들어 가장 높은 계급인 자주색의 1품위는 전지 110결, 시지 110결을 지급받는 식이었지요. 1품위는 모두 중앙의 관리와 지방의 호족*이었습니다. 건국 초여서, 여전히 호족의 힘이 세다는 사실을 알 수 있지요.

목종 때의 개정 전시과는 훨씬 간단했습니다. 일단 관리들을 18등급으로 나누어서 전지와 시지를 지급했습니다. 가장 높은 직급인 시중에게는 전지 100결, 시지 70결을 지급했지요. 특기할 만한 점은 시정 전시과에서는 호족들에게 전시과를 지급했는데 개정 전시과에서는 호족을 제외했다는 것입니다. 이에 대해 학자들은 고려에 관한 여러 기록을 살펴보면 목종 당시에 여전히 일정한 직급 이상의 호족에게는 전시과를 지급했다는 기록이 있어 호족을 제외했는지는 확실하지 않다고 합니다. 하지만 건국 초기보다 호족의 힘이 많이 약해졌다는 건 분명해 보입니다.

그리고 전시과를 지급할 때 무신보다 문신을 우대한 점도 눈에 띕니다. 중국 한나라 시절 인물인 육가가 한나라를 세운 고조에게 "말 위에서 천하를 얻으셨지만, 말 위에서 천하를 다스릴 수는 없습니다"

📍 **호족**

후삼국 시대만 해도 왕의 권력이 약해서 각지에는 왕처럼 권력을 쥔 호족들이 있었다. 건국 직후 왕건은 이 호족들을 다스리기 위해 29번 결혼을 한다. 결혼을 통해 지방의 여러 호족과 우호적인 관계를 맺은 것이다. 호족들 입장에선 자신의 딸이 왕자라도 낳으면 왕자의 외갓집이 되니, 이 왕자를 왕으로 만들기 위해 노력하게 되고, 설령 자신들이 권력을 놓고 다투더라도 그것은 자신이 왕이 되려는 것이 아니라 자신들과 친인척 관계인 왕씨 왕자를 왕으로 세우기 위한 것이니, 결과적으로 왕실에 충성하고 고려 왕조가 정통성을 이어 가는 데 기여하게 된다.

그러나 혼인 등 여러 정책을 썼음에도 호족들을 다스리기는 쉽지 않았다. 고려 초만 해도 여러 차례 호족들이 반란을 일으켰다. 심지어 7대 목종은 호족 강조의 반란으로 왕좌에서 쫓겨나 살해당한다.

고 한 말을 생각해 보면 왜 문신을 우대했는지 알 수 있을 것입니다. 국가를 운영하려면 그 국가를 운영할 관리들, 지금으로 치면 공무원들이 필요합니다. 따라서 나라의 전체 그림을 그리는 문신들의 역할이 커질 수밖에 없지요. 다만 이러한 문신 우대 정책이 이후 무신의 난을 불러왔다는 점도 기억해 둬야 할 것입니다.

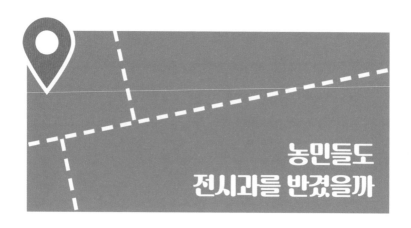

농민들도
전시과를 반겼을까

    이처럼 고려는 전시과를 도입해 토지 제도와 세금 제도를 정비해 가면서 나라 뼈대를 세워 갔습니다. 이 무렵 북방에서는 유목 민족들이 국가를 건설해 중국을 위협하고 있었습니다. 대표적인 나라가 거란족이 세운 요나라, 여진족이 세운 금나라, 몽골족이 세운 원나라입니다. 당시 중국은 송나라였는데 문화와 경제가 매우 높은 수준에 올랐는데도 늘 북방 민족에 시달렸고, 제대로 기를 펴지 못했지요.

    송나라도 이런 지경이니 고려도 안전하지 못했습니다. 북방의 나라들은 고려에 복종을 요구했고 이를 거절하자 쳐들어옵니다. 고려는 유례없는 전쟁의 참화를 겪지요. 요나라가 침략했을 때 8대 왕인 현종은 수도를 버리고 피난을 갑니다. 그래도 고려는 비교적 방어를 잘했습니다. 서울 관악구에 가면 낙성대라는 곳이 있습니다. 강감찬 장군의 생가 터지요. 강감찬이 태어날 때 별이 떨어졌다고 해서 떨어질 '락落'에 별 '성星' 자를 써서 낙성대라고 부른 겁니다. 강감찬은 요나라가 쳐들어왔을 때 귀주에서 큰 승리를 거둔 바 있습니다.

정치 안정과 경정 전시과

경정 전시과는 문종 30년(1076)에 시행됩니다. 이로써 전시과 제도는 완전히 자리를 잡습니다. 고려가 건국된 지 160여 년 만이죠. 문종은 고려 임금 중 가장 오래 재위했습니다. 37년간(1046~1083) 왕의 자리에 있었으니까요. 이 시기가 고려 전성기였습니다. 경정 전시과 제도는 고려 후기까지 이어집니다.

경정 전시과는 개정 전시과와 마찬가지로 관리를 18등급으로 나누어 전시를 지급했는데, 이전보다 전지와 시지의 양을 줄였다는 것이 특징입니다. 개정 전시과에서 전지는 최하 20결(18등급)에서 최고 100결(1등급), 시지는 최하 10결(15등급, 16~18등급은 없음)에서 최고 70결(1등급)을 지급했는데, 경정 전시과에서 전지는 최하 17결(18등급), 최고 100결(1등급), 시지는 최하 5결(14등급, 15~18등급은 없음), 최고 50결(1등급)로 축소한 것이죠. 나라가 발전하면 당연히 관리가 늘어나고 이에 따라 지급해야 할 것도 느니, 1인당 지급할 액수를 줄일 수밖에 없는 거지요.

생산량의 반을 빼앗긴 농민들

그럼, 전시과 제도에서 조, 즉 토지세는 얼마나 걷었을까요? 사실 지금까지 본 전시과 내용은 국가의 입장에서 본 것입니다. 국가의 질서를 유지하려면 관리들이 필요하고, 이 관리들에게 녹봉을 주려면 전시과와 같은 제도가 필요했던 것이죠. 하지만 직접 땅을 경작하는 농민 입장에서는 자신이 나라나 수조권자에게 바치는 세금이 어느 정도인가가 더 중요하겠지요.

고려 시대에는 국가나 공공 기관이 수조권을 쥐고 있을 때는 생산량의 4분의 1, 수조권이

내 누누이 수조율을 10퍼센트로 내려야 한다고 했거늘!

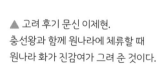

▲ 고려 후기 문신 이제현.
충선왕과 함께 원나라에 체류할 때
원나라 화가 진감여가 그려 준 것이다.

▲ 고려 시대 지배층의 삶을 엿볼 수 있는 〈아집도 대련雅集圖 對聯〉

저 시간에
백성들은 뼈 빠지게
일하고 있겠지?
휴~

'아집도'는 관리나 선비들이
가까운 벗들과 시를 짓거나 그림을
감상하면서 한가로이 여가를 보내는
모습을 닮은 그림을 말해.
'대련'은 연이어서 그린
두 폭의 그림을 말하고.

개인에게 있었을 때는 생산량의 2분의 1 즉, 반을 조로 걷었습니다. 고려 말, 조선 초에 도입된 과전법의 조가 10분의 1이었다는 점을 감안하면, 너무 많이 걷은 거죠. 전시과가 국가 차원에서는 의미 있을지 몰라도 농민들에게는 너무 많이 세금을 뜯어가는 제도였을 겁니다.

이런 상황에서 수조권자들이 횡포까지 부려 더 걷어 가면 농민들은 굶어 죽을 수밖에 없었겠지요. 그래서 고려 말 학자 이제현은 왜 수조율을 10분의 1로 하지 않느냐면서 전시과를 비판했습니다. 특히 사전에 대한 수조율 2분의 1은 이후 일제 강점기까지 이어집니다. 생산량의 절반 이상을 지주에게 내야 했던 소작제의 원형이 된 것이지요.

문벌門閥, 권문세족 등 고려의 지배층 역시 사회의 부를 독식합니다. 땅 주인이거나 전시과를 받은 지배층이 농민들에게 정해진 것보다 더 많은 세금을 걷거나 아예 농민들의 땅을 빼앗아 버립니다. 이것이 결국 고려가 망하는 결정적인 원인이 되었습니다.

📍 문벌

고려 전기 지배층으로, 여러 대에 걸쳐 고위직 관리를 배출해 온 가문을 말한다. 왕실이나 다른 가문과 혼인해 세력을 키워 갔다. 주로 개경에 거주하면서 권력과 부를 독점했다. 이들은 후기의 권문세족으로 이어진다.

 신진사대부는
왜 먼저 토지 제도를
개혁하려고 했을까

고려 말이 되면 잦은 전쟁과 지배층의 부정부
패 탓에 전시과 제도는 거의 붕괴 직전에 처합니다. 심지어 하나의
토지에 여러 개의 수조권이 붙을 정도로 엉망이 되지요. 당시 신진사
대부*인 조준이 올린 상소문 내용 일부입니다.

조종祖宗의 토지를 수여하고 토지를 회수하는 법이 이미 무너지고 겸
병(兼幷, 여기서는 땅을 자기 것으로 한다는 의미다. – 저자 주)하는 문이 한

📍 신진사대부

고려 말 정치 권력을 장악하고 조선을 건국한 이들을 말한다. 신흥사대부新興士大夫 라고도 한다.
이들은 대부분 지방의 중소 지주들로 과거에 급제해 관리가 되었다. 사대부란 사士와 대부大夫 를
합친 말로, 전근대 중국과 한국에서 문무 관리 전체 혹은 문반 관리만을 가리키는 말로 쓰였다가
중국에서는 송나라 때, 우리 역사에서는 고려 후기에 등장한 신흥사대부를 가리키는 말로 사용되
었다.

번 열리자, 재상宰相이 되어 마땅히 토지 300결을 받아야 하는 자가 일찍이 송곳 세울 만한 땅도 받을 만한 곳이 없었고, 재상이 되어 녹으로 360석을 받아야 하는 자도 오히려 20석도 채우지 못하였습니다. (…) 여러 번 싸워 힘을 바친 병사들이라고 하더라도 도리어 1무의 땅이나 송곳 세울 정도의 경작지라도 얻어서 그 부모와 처자를 봉양하지 못하는데, 어떻게 충의를 권하고 일에 책임을 지우며 전공戰功을 세울 것을 격려하고 외적을 막아 내도록 할 수 있겠습니까. (…) 근년에 이르러서는 겸병이 더욱 심해져서 간교하고 흉악한 무리들이 주州를 타고 넘고 군郡을 포괄하면서 산천을 경계로 삼고는 모두 조업전(祖業田, 조상 대대로 물려받아 온 논밭 – 저자 주)이라고 지칭하며 서로 훔치고 서로 빼앗으니, 1무의 주인이 대여섯 명을 넘기도 하고, 1년의 조가 여덟아홉에 이르기도 합니다.

전시과 제도가 완전히 붕괴돼서 재상 혹은 목숨을 걸고 싸운 병사들조차 전시와 시지를 받지 못하고 있으며, 힘 있는 자들이 땅을 빼앗고 그들이 1년 동안 가져가는 조가 생산량의 80~90퍼센트에 달한다는 내용입니다. 재상조차 전지와 시지를 받지 못한다면 관리들이 권한을 남용해 백성들에게 재산을 빼앗을 가능성이 커집니다. 게다가 매년 생산량의 80~90퍼센트를 빼앗기면 농민들은 너무 가난해져 살 수 없을 뿐만 아니라 땅마저 빼앗길 수밖에 없는 처지에 놓입니다. 고려 말 지배층인 권문세족勸文勢族°은 산이나 하천을 경계로 삼을 정도로 넓은 땅을 가지고 있었는데, 이 땅의 상당 부분이 농민들에게 불법으로 빼앗은 것입니다. 농민들은 많은 빚에 시달렸고, 빚을 갚지 못해 노비가 되기도 했지요.

땅을 집어삼킨 권문세족

성리학으로 무장한 신진사대부들은 이런 상황을 그냥 지켜봐서는 안 되겠다고 다짐합니다. 단지 옳은 주장만으로는 세상이 바뀌지 않는다는 사실을 깨닫지요. 그래서 당시 해안을 자주 침략하던 일본군을 무찔러 큰 인기를 얻고 있던 무장 이성계와 손을 잡습니다. 그리고 조정에 잘못된 것을 바꾸라고, 특히 토지 개혁을 강하게 요구합니다.

하지만 조정은 별 노력을 하지 않습니다. 이성계와 신진사대부가 조정에 더는 기대할 것이 없다고 낙담할 무렵, '위화도 회군' 사건이 터집니다. 당시 중국은 원나라가 쇠약해지고 명나라가 강성해지는 시기였는데, 이런 명이 고려가 통치하던 철령 이북의 땅을 반환하라고 통보해 버립니다. 조정은 명나라와 싸워야 한다는 세력이 주도하

📍 권문세족
고려 말 원나라를 등에 업고 지배층으로 등장한 세력이다. 자식들을 과거시험이 아닌 음서제를 통해 쉽게 출세시켰을 뿐 아니라 대토지 소유자이기도 했다. 불법으로 농민들의 땅을 빼앗는가 하면, 심한 경우 땅 주인을 몽둥이로 때려 빼앗기도 했다. 과거시험을 거쳐 중앙에 진출한 신진사대부에 의해 정계에서 물러났다.

이 몸이
죽고 죽어
백 번이나 다시 죽어(도) (…)
임금님 향한 충성심이야
변할 리가 있으랴…

▲ 고려 후기 문신 정몽주

정몽주 님의
〈단심가〉야 알아주지.
하지만 권문세족들이 해먹어도
너무 해먹으니 우리네 백성은
어디 살 수가 있어?
난 신진사대부 환영!

이성계!
이성계!

나도,
나도~

민심이
이러니 수락을
안 할 수가 없구만,
에헴.

▲ 조선을 세운 이성계

고, 이성계는 마지못해 원정길에 나섭니다.

하지만 이성계는 이 명령을 도무지 납득할 수 없어 마침내 압록강 하류에 있던 섬 위화도에서 군사를 돌려 개경으로 돌아옵니다. 상부의 명령을 어겼으니 일종의 쿠데타인 셈이지요. 위화도 회군에서 '회군'은 돌아올 '회回'에 군사 '군軍' 자입니다. 즉 군사를 돌이켜 돌아온다는 뜻이지요. 돌아온 이성계는 최영 장군을 비롯해 왕실에 충성하던 세력들을 제거하고 권력을 장악합니다.

농민들은 왜
과전법을 반겼을까

위화도 회군 이후 이성계를 지지하는 신진사대부는 민심을 얻기 위해 대대적인 토지, 세금 제도 개혁을 시작합니다. 먼저, 전국의 토지를 조사해 잘못된 것들을 바로잡습니다. 이 과정에서 과거의 토지대장을 불태우기도 했는데, 진짜로 태웠다기보다는 백성들에게 토지 제도가 새로 바뀌었다는 점을 강조하기 위한 퍼포먼스가 아니었을까 싶습니다.

이성계 등은 다음과 같은 원칙을 세우고 과전법을 시행했습니다. 수조권이 행사되는 과전은 경기도로만 한정하되 원칙적으로 상속되지 않도록 했고, 수조율은 공전·사전 모두 1결당 30두로 정했습니다. 당시 1결당 생산량이 300두 정도였으니, 10퍼센트만 세금으로 내는 셈입니다. 사전의 경우에는 30두 중 2두만 세금으로 내게 했습니다. 고려 시대처럼 과전을 18등급으로 나누어 지급하되 10결(18등급)~150결(1등급)로 나누어 지급했습니다. 과전법科田法은 당시 18등급을 18과科라고 했는데 '과'별로 '땅[田]'을 준다는 의미입니다.

과전법은 신진사대부가 경제적 기반을 마련하는 데 큰 도움을 주었습니다. 권문세족이 대부분의 토지를 차지한 터라 과거를 통해 관리가 된 신진사대부들은 아무런 땅도 받을 수 없었거든요. 하지만 엄밀히 따지면 신진사대부뿐 아니라 농민들에게 큰 도움이 되었을 것 같습니다. 수조율이 2분의 1에서 10분의 1로 대폭 줄었으니까요.

적어도 농민들의 지지가 없었다면 신진사대부가 왕조를 바꾸는 혁명을 이루기는 어려웠을 겁니다. 단순히 무력만으로 새로운 나라를 건설할 수는 없었다는 얘기죠.

수조권 점검하고, 수조율은 낮추고

과전법은 농민들이 반길 만한 개혁이었습니다. 다음과 같은 이유들 때문이지요. 첫 번째, 억울하게 땅을 빼앗긴 농민들은 땅을 일부라도 돌려받을 수 있었습니다. 과전법은 땅이 없는 농민에게 땅을 나누어 주는 식의 개혁은 아니었지만, 토지대장을 불태우고 재조사하는 과정에서 억울하게 땅을 빼앗긴 농민들에게 땅을 돌려준 겁니다.

두 번째, 수조권을 행사할 수 있는 땅을 경기도로 한정하고, 수조권 중복을 정리했기 때문에 농민들 부담이 많이 덜어졌습니나. 한 땅

▲ 고려 불화 〈미륵하생경변상도彌勒下生經變相圖〉.
아랫부분을 보면 농부가 밭갈이하는 장면, 벼를 베고 도리깨
로 타작하여 낟알을 주워 담는 추수 장면 등이 묘사돼 있다.
고려 시대 농민들 모습을 엿볼 수 있다.
〈미륵하생경변상도〉는 미륵 신앙의 근본 경전인 《미륵하생
경》 내용을 그린 것이다. 미륵불이 세상에 내려와 성불한 후
그때까지 구제받지 못한 중생도 성불시킨다는 내용이다.

에 수조권을 가진 자가 여럿이면 농민만 죽어나니까요. 고려 말엔 수조권을 행사하는 땅의 80~90퍼센트가 수조권자가 중복되는 땅이었다니 농민들 삶이 얼마나 고달팠겠습니까.

세 번째, 수조율을 50퍼센트에서 10퍼센트로 크게 낮춘 것입니다. 농민들이 가장 좋아한 부분이 아니었을까 싶습니다.

네 번째, 농민들을 땅에서 쫓아내지 못하게 안전장치를 두었습니다. 농민들이 경작하는 땅을 빼앗으면 태형 20대부터 장형 80대까지 처벌할 수 있게 한 겁니다. 지금도 집주인이 세입자를 부당하게 강제로 쫓아내도 원칙적으로는 형사처벌을 하지 못하니, 정말 획기적인 장치라고 평가할 수 있지요.

토지 제도 개혁으로 신진사대부는 인구의 대다수인 농민들의 지지를 얻습니다. 그리고 과전법은 이성계가 조선을 건국할 수 있는 밑거름이 되지요.

4장

토지 제도 2: 조선에서 일제 강점기까지

조선이 몰락한 이유 중 하나가
땅에서 세금을 제대로 걷지 못해서라고
보는 역사가들도 있어.
조선은 왜 그렇게 되었을까?

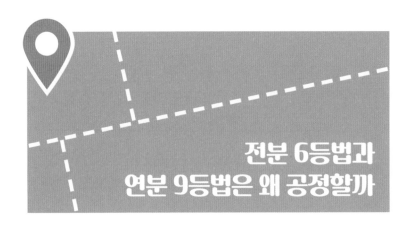

전분 6등법과
연분 9등법은 왜 공정할까

　　　　　　　조선 시대 토지 제도 중 가장 발달한 형태는
세종대왕 때에 나옵니다. 세종은 세계 역사에서 찾아보기 어려울 정
도로 다양한 학문에 정통한 유능한 군주였습니다. 동아시아 역사에
서 자연과학에 능통했던 왕으로 청나라의 강희제를 들곤 하는데, 제
개인적인 생각으로는 세종대왕이 한 수 위가 아닐까 싶습니다.

　잠깐 샛길로 빠지면, 스승의 날이 5월 15일인 건 다 아실 겁니다.
사실 이날이 세종의 생일입니다. 세종을 기리기 위해 스승의 날로 삼
은 거지요. 절대 권력자인 왕을 '스승'으로 생각할 정도니 우리나라
사람들이 세종을 얼마나 존경하는지 알 수 있겠지요?

　세종이 만든 토지 제도가 '전분 6등법'과 '연분 9등법'입니다. 지금
봐도 놀라운 제도입니다. 먼저 전분田分 6등법은 한자를 보면 알 수
있듯이 세금을 걷을 수 있는 토지를 비옥도에 따라 6능급으로 나눈

제도입니다. 조선 시대 토지의 면적을 재는 단위는 '결結'이었는데, 이 결은 삼국 시대부터 사용되었던 것으로 보입니다. 지금처럼 면적이 딱 정해진 것이 아니라 매년 약 300두(말)를 생산할 수 있는 면적을 1결이라고 한 것이지요. 그러니 1결의 면적은 토지 비옥도에 따라 달랐습니다. 토지가 비옥하면 1결의 면적이 좁아지고, 토지가 척박하면 1결의 면적이 넓어집니다. 전분 6등법에 따르면, 조선 초기에는 가장 척박한 6등전 면적이 가장 비옥한 1등전 면적의 4배였습니다.

잣대는 토지 비옥도와 풍흉년

연분年分 9등법은 매년 풍년, 흉년 정도에 따라 수조액을 9등급으로 나누는 제도입니다. 정확히는 10등급인데, 최하 1등급은 조를 면제해 주기 때문에 9등급이라고 한 것이지요. 수확량이 최상인 10등급(상상년)은 1년에 20두, 2등급(하하년)은 4두씩 내게 했습니다. 자세한 내용은 옆의 표와 같습니다.

전분 6등법과 연분 9등법에 따르면, 가장 비옥한 땅인 1등급 토지 1결이 상상년일 경우 20두를 내고, 6등급 토지 1결이 하하년일 때는 4두를 내게 됩니다. 1등급 토지 1결의 면적은 6등급 토지 1결의 4분의 1이므로, 1등급 토지 1결의 면적을 예컨대 A라고 하면, 여기서는 20두가 걷힙니다. 6등급 토지 1결의 면적은 4A가 되고 여기서는 4

등급	구분	수조액
10	상상년	20두
9	상중년	18두
8	상하년	16두
7	중상년	14두
6	중중년	12두
5	중하년	10두
4	하상년	8두
3	하중년	6두
2	하하년	4두
1		감면

▲ 연분 9등법과 수조액

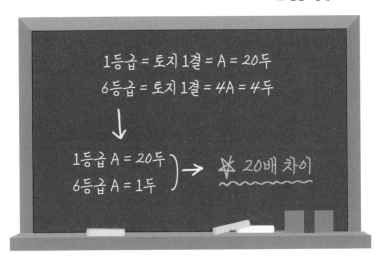

두가 걷힙니다. 즉 1등급 토지 A 면적에서는 20두의 조를 걷고, 6등급 토지 A 면적에서는 1두가 걷힙니다. 같은 면적으로 비교한다면 세 부담 비율이 최대 20배까지 차이가 납니다. 즉 부유한 자가 훨씬 더 세금을 많이 내고, 가난한 자는 덜 내는 획기적인 세제이지요. 부자가 더 세금을 많이 내는 이러한 제도는 보통 20세기 중반 이후 선진국에서나 도입되었으니, 세종이 얼마나 앞선 제도를 만들어 냈는지 알 수 있습니다.

그런데 최고 세율이 1결당 20두로, 처음 과전법을 실시했을 때 30두보다 낮아졌습니다. 그러면 부족한 세수는 어떻게 해결했을까요? 세종은 재위 기간 내내 농사짓기 어렵거나 버려둔 땅을 일구어 논밭이나 쓸모 있는 땅으로 만드는 데 힘을 쏟았습니

세종대왕은 땅에서 세금을 거둘 때
풍년이냐 흉년이냐, 땅이 기름지냐 황폐하냐
등에 따라 다르게 걷게 했대.
백성들이 얼마나 좋아했을까!

다. 농지가 넓어지니 당연히 수확량도 늘어났지요. 또한 세종은 토지대장에서 빠진 토지가 없게 하려고 토지 조사 사업인 양전 사업도 실시했습니다. 이런 시도들로 부족한 세금을 메울 수 있었던 것으로 보입니다.

전분 6등법, 연분 9등법은 무척 획기적인 제도이지만, 토지의 비옥도와 풍흉년 여부를 정할 수 있는 객관적 기준과 공정하게 일을 추진할 수 있는 관리가 있어야 제대로 실현될 수 있습니다. 조선 중기 이후 이 제도는 흐지부지되는데, 이 제도를 실행하는 과정에서 관리와 아전 등의 부정부패가 심했기 때문입니다.

4군 6진이 가능했던 이유

세종은 단순히 농지 개간뿐 아니라 영토 자체를 넓히기도 했습니다. 대표적인 것이 4군과 6진 설치입니다. 당시 한반도 북쪽에 살고 있는 여진족이 종종 국경을 넘어왔습니다. 국경 지역에 사는 백성들이 큰 피해를 입었지요. 세종은 최윤덕을 시켜 압록강 유역에 4군, 김종서를 시켜 두만강 유역에 6진을 설치합니다. 이를 통해 조선의 북쪽 국경을 못 박아 두지요. 남쪽의 백성들을 그곳으로 이주시키고요.

세종은 북방뿐 아니라 남방 정벌에도 나섭니다. 고려 말부터 일본군의 침략이 잦았습니다. 넓은 해안선을 모두 방어할 수 없으니 해

안가 백성들은 계속 괴롭힘을 당했습니다. 세종은 일본군의 진원지인 대마도를 제압해 해안선을 안정시키기로 합니다. 다행히 대마도 정벌 후 수십 년간 일본군의 횡포는 줄어들었습니다.

북쪽이든 남쪽이든 외적을 물리치는 일에는 많은 비용이 듭니다. 세종은 이 비용을 어디서 마련했을까요. 전분 6등법과 연분 9등법 같은 토제 제도 개혁을 통해 마련한 건 아닐까요. 물론 나라를 지키기 위해 꼭 필요한 원정만 단행한 세종의 현명함도 기억해야 할 것입니다.

조선에서는 개인이
땅을 가질 수 없었을까

　　　　　　　　조선 시대에는 토지 소유권이 어떻게 보호되었
을까요?《경국대전》뿐 아니라 토지 문서, 재판 문서 등이 남아 있어
이전 시대와 달리 조선 시대에 토지 소유권이 구체적으로 어떻게 보
호되었는지는 비교적 알기 쉽습니다.

　일제 강점기에 일부 일본 학자는 조선이 미개한 사회라는 것을 보
이려고 일부러 조선의 토지 소유 제도가 엉망이었다거나 토지가 모
두 왕의 소유였다는 식의 주장을 펼쳤습니다. 조선 지배를 정당화하
기 위한 역사 왜곡이죠.

　하지만 앞서 보았듯이 조선의 토지 소유 제도는 상당히 시대를 앞
선 것이었습니다. 조선 시대에는 모든 땅이 왕의 것이라는 왕토王土
사상*이 있기는 했지만, 이것은 정치 이념이었을 뿐 실제로는 개인의
토지 소유를 금하지 않았습니다. 즉 왕의 땅에 사는 사람은 왕의 동

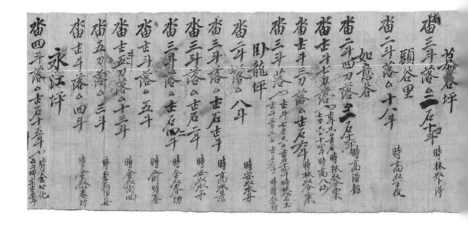

치 질서에 복종해야 한다는 의미였지, 한반도의 모든 땅이 왕의 것이라는 뜻은 결코 아니었던 거지요.

《경국대전》과 토지 소유권

조선 시대에는 토지 소유권을 폭넓게 보호받았습니다. 다음의《경국대전》내용들을 보면 알 수 있습니다.

첫 번째, 토지나 가옥을 자유롭게 사고팔 수 있었습니다. 토지나 가옥을 산 사람은 100일 이내에 관으로부터 현재의 등기登記˚와 비슷한 입안立案을 받도록 되어 있었습니다.

두 번째, 현대처럼 재판 제도를 통해 토지 소유 제도를 보호했습

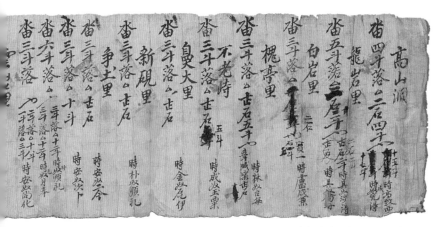

▲ 조선 후기 한 마을의 토지세 징수 문서

니다. 불법으로 토지나 가옥을 빼앗긴 소유자는 5년 안에 소송을 걸면 소유자로 보호받을 수 있었습니다. 또 타인이 자신의 땅이나 집을 훔쳐서 팔거나 땅이나 집에 대한 소송이 아직 끝나지 않아 권리자가 정해지지 않은 경우, 부모의 유산을 똑같이 나누지 않고 한 자식이 다 가진 경우, 소작인이나 세입자가 계약 기간이 끝났는데도

📍 **왕토 사상**

중국 경전인 《시경詩經》에 "천하의 토지는 왕의 토지가 아닌 것이 없고, 천하의 신하는 왕의 신하가 아닌 사람이 없다"는 구절이 나온다. 이런 왕토 사상이 존재했다고 해서 개인의 토지 소유권을 인정하지 않았다는 뜻은 아니다. 모든 토지에 왕의 권력이 미치고 개인의 소유권도 왕이 보호한다는 의미로 이해하는 것이 타당할 듯하다.

🧭 **등기**

국가 기관이 소유권이나 기타 권리관계가 이전된 것에 대해 확인을 해 준 후 공적 문서에 기재해 공개하는 절차를 말한다. 보통 법적으로는 등기가 되어야 권리가 이전된다고 본다.

토지나 집을 내놓지 않고 계속 차지하려는 경우 등은 아예 기한을 두지 않고 언제라도 소송할 수 있게 했습니다.

세 번째, 상속권이 보장됐습니다. 《경국대전》에서는 토지 상속권을 자세히 규정해 놓았습니다. 요즘 영화나 드라마에 나오는 것과 달리 아들딸 구분 없이 똑같이 나누어 갖는 것이 원칙이었습니다.

네 번째, 나라에서 토지를 수용할 경우에 보상을 해 주었습니다. 조선 시대에도 공공을 위해 개인 토지를 사들여서 전각 같은 것을 세우는 일이 종종 있었습니다. 이때 그 땅 주인에게 보상을 해 주는 것이 일반적이었다고 합니다.[2]

일본이 조선을 강제로 병합한 후 토지 조사 사업을 실시할 때 토지 소유권이 처음 생겼다고 주장하는 사람들이 있습니다. 하지만 위 내용들을 보면 일제는 기존 소유자를 조사해서 확정한 것에 불과하다는 사실을 알 수 있지요. 조선 시대에 이미 토지 소유권이 확립돼 있었습니다.

조선 중기가 지나면서 과전법 체제도 큰 위기를 맞습니다. 원래 과전은 관리들에게 지급하는 것으로 그 관리만 받게 되어 있던 것인데, 관리들은 온갖 구실을 만들어 과전을 자식에게 상속했습니다. 또한 수조권이라는 강력한 권리를 이용해서 종종 농민들 땅을 빼앗아 버렸습니다. 수조권자가 아예 땅을 차지한 것이죠. 과전법이 실행된 초에는 경작자의 땅을 빼앗을 경우 처벌하는 조항이 있었는데 어찌 된 일인지 《경국대전》 〈호전〉을 편찬한 1460년도에는 이 내용이 빠집니다. 관리들의 입김이 작용한 게 아닐까 싶습니다.

상황이 이렇다 보니 결국 과전이 부족해지고 맙니다. 그래서 세조 때는 과전을 현직 관리에게만 지급하는 직전법職田法이 시행되었고, 성종 때에는 관리들의 녹봉을 직접 쌀로 지급하는 관수관급제官收官

給制가 시행되기도 했습니다.

세종대왕이 만든 전분 6등법, 연분 9등법 역시 관리들의 농간으로 제대로 시행될 수 없었습니다. 그래서 조선 후기 인조는 풍흉에 따른 과세를 폐지하고 1결당 4두를 받는 것으로 통일했습니다. 영조 때 편찬된 《속대전》에는 이 내용이 반영되어 "무릇 밭 1결에는 전세로 4두를 (…) 징수한다"고 기록돼 있습니다. 이를 영정법永定法이라고도 하는데 '영구히 그 세율을 고정한다'는 뜻입니다. 초기 과전법에선 1결당 30두였고, 연분 9등법에선 1결당 최고 20두였던 것에 비하면 걷는 양이 매우 적어졌지요. 4두면 연분 9등법에서 정한 최저 세액입니다. 영정법은 풍흉에 따라 과세를 달리하는 것이 현실적으로 불가능했음을 말해 줍니다.

양반들의 반발

양반들이 모든 것을 움켜쥔 조선 후기에는 세금 문제가 더 심각해집니다. 《경국대전》을 보면 20년에 한 번씩 양전 사업을 하게 돼 있습니다. 앞서 말했듯이 양전 사업은 국가가 정기적으로 토지 소유자가 누구인지, 새로 증가한 농지가 있는지 등을 조사하는 것입니다. 이런 과정이 있어야 나라에서 토지세를 정확히 걷을 수 있겠지요.

그런데 땅 주인 대부분이 양반이란 것이 문제였습니다. 양반들은

▶ 〈동래부 순절도〉.
임진왜란 때 동래성에서
일본군에 맞서 싸우다 순
절한 부사 송상현과 백성
들 모습을 그린 그림

어떤 학자들은 임진왜란 때
우리가 힘겹게 싸운 원인 중 하나가
전쟁 비용이 부족해서라고 분석해.
양전 사업을 제대로 못하면서
세금도 못 걷은 거지.

양전 사업에 반발했고, 조정은 양반들 눈치를 보느라 양전 사업을 소극적으로 하게 됩니다. 당연히 세금을 내지 않는 사람이 늘어 갔지요.

상황이 이렇다 보니 국가는 돈이 부족해서 할 일을 마음껏 못하게 됩니다. 한 예로, 임진왜란 때 조선군이 고전한 이유 중 하나도 어려운 재정 상태였습니다. 전쟁을 하려면 막대한 인적, 물적 자원이 필요한데 당시 조선은 세금을 제대로 걷지 못해 전쟁 비용도 충분히 마련하지 못했습니다.

양전 사업은 숙종 때인 1720년에 마지막으로 했습니다. 당시엔 붕당 싸움이 극심했습니다. 양대 붕당*인 노론과 남인이 서로 권력을 쥐려고 엎치락뒤치락했지요. 드라마, 영화의 단골 소재인 인현왕후와 장희빈 얘기도 다 숙종 때 일입니다. 숙종 말기에 마침내 노론이 승리합니다. 남인은 다시 일어서기 어려울 정도로 몰락하지요(이 사건을 갑술환국甲戌換局이라고 한다). 이후 노론이 사회를 쥐락펴락합니다.

영조는 탕평책**을 펼치며 붕당 문제를 해결해 보려고 했지만, 한번 기울어진 저울은 균형을 잡지 못했습니다. 결국 조선에선 노론의 시대가 지속되다가 외척이 권력을 쥐락펴락하는 세도 정치로 접어들고 맙니다. 이후 조선은 회복 불능의 상태에 빠지지요.

예나 지금이나 우리나라에서 농업 생산량이 높은 지역을 꼽으라면 전라도, 충청도, 경상도입니다. 사실 이 세 지역에서 세수 대부분이 충당되었는데, 이 지역도 숙종 이후에는 양전 사업을 실시하지 못합니다. 조선 후기 성군으로 추앙받은 영조, 정조조차 양반들의 반발 때문에 양전 사업을 하지 못했지요. 그 결과, 순조 때에는 나라를 운영하는 데 부족한 쌀과 돈이 3분의 1에 이르게 됩니다. 이 말은 국가 기능의 3분의 1이 작동하지 않았다는 얘기지요.

📍 붕당

조선 시대 무리를 지어 권력을 잡고 운용하는 양반들의 집단을 말한다. 지연, 학연, 혈연 등으로 연결되어 있으며 정강, 정책이 존재하지 않기 때문에 현대 정당과는 차이가 있다. 선조 때 동인과 서인으로 나뉘었고, 다시 동인은 남인과 북인으로, 서인은 노론과 소론으로 나뉘었다. 조선 후기에는 주로 남인과 노론이 대립했다. 붕당에 대해서는 소모적인 논쟁만을 일삼는 집단이라는 부정적인 평가와 서로 견제함으로써 일당 독재를 막는 역할을 했다는 긍정적인 평가가 모두 존재한다.

🌏 탕평책

붕당과 당파를 없애고 인재를 고루 등용하려던 영조의 정책을 말한다. 그러나 조선의 붕당과 당파는 뿌리가 깊다. 영조조차 노론의 지지를 받아 왕이 됐기 때문에 탕평책은 한계가 뚜렷했다. 특히 영조 때에는 이미 노론의 힘이 너무 강해 나머지 당파들은 중앙 정계에서 쫓겨난 것이나 마찬가지였다. 영조의 탕평책을 이어받은 정조가 사망한 이후 조선의 정치는 가문을 중심으로 한 세도 정치로 재편된다.

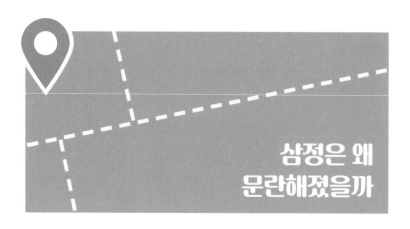

삼정은 왜
문란해졌을까

조선은 이른바 '삼정의 문란'으로 망했다고 할 수 있습니다. 삼정三政이란 전정田政, 군정軍政, 환곡還穀을 말합니다. 전정은 토지에서 걷는 세금이고, 군정은 군대에 가지 않는 사람들에게서 걷는 군포를 말하며, 환곡은 먹을 식량이 부족한 봄에 곡식을 빌려주었다가 추수기인 가을에 이자를 얹어 돌려받는 것입니다. 조선 후기에 이르면 사실상 관가에서는 환곡 이자로 운영비를 충당했습니다.

먼저 전정의 가장 큰 문제는 세금을 내야 할 땅을 숨기는 자가 많았다는 것입니다. 양반이나 힘 있는 자들이 대부분 그랬죠. 그럼 어떻게 될까요? 이들의 세금을 농민들이 대신 내게 됩니다. 양전 사업을 제대로 했더라면 이런 문제를 해결할 수 있었을 텐데 앞에서 본 것처럼 숙종 이후에는 양반들의 반발 때문에 양전 사업을 못 벌인 겁니다.

　군정의 경우에는 이미 죽은 사람이나 군대에 갈 나이가 아닌 갓난 아기에게까지 군포를 부과하는 일이 비일비재했다고 합니다. 죽은 사람에게 군포를 부과하는 것을 '백골징포白骨徵布', 갓난아기에게 군 포를 부과하는 것을 '황구첨정黃口簽丁'이라고 했지요. 갓난아기의 입 을 황구라고 했으니, 황구첨정은 갓난아기를 어른[丁]으로 장부에 올 렸다[簽]는 뜻입니다.

시 〈애절양〉의 사연

　조선 후기 실학자인 정약용은 천주교를 믿었다는 이유로 18년간 강진에 유배됩니다. 친형인 정약종은 사형을 당했고, 또 다른 형인 정 약전은 강진보다 더 오지인 흑산도로 유배되지요. 사회를 바꾸려던 조선의 최고 지식인들을 이렇게 탄압했으니 조선 왕조가 잘되기는 매우 어려웠을 것 같습니다.

　정약용은 유배 기간이 길어지다 보니 자연스럽게 백성들 삶을 가 까이에서 보게 됩니다. 특히 삼정이 백성을 얼마나 괴롭히는지 직접 보지요. 〈애절양哀絶陽〉이라는 시도 짓습니다. 여기서 '절양絶陽'은 남 성의 생식기를 자른다는 뜻입니다. 〈애절양〉은 이런 비극적인 사건을 보면서 느낀 슬픔[哀]을 표현한 시인 거지요. 사연은 이랬습니다.

얼마나 원통했음 그랬겄나.
엊그제 태어난 그 어린 자식 놈한데까지
군포를 매기니 환장할 노릇 아녀!

얘기 들었나?
돌쇠가 거기를 잘랐다면서?

이놈의 나라가 썩어도 한창 썩었당게.
땅은 양반 놈들이 다 차지하고는 세금 한 푼 안 내고,
우리네 같은 백성들만 쥐어짜잖나.
환곡 갚는 거 쪼금만 미뤄도 잡아다 족치지,
그래도 안 되믄 가족까지 잡아가지…
이게 어디 사람 살 세상이여?!

갓난아기에게 부과한 군포를 내지 못하자 농사에 꼭 필요한, 피 같은 소를 관아에서 끌고 갑니다. 그러자 그 농민은 아이를 낳은 것이 잘못이라면서 자신의 성기를 자릅니다. 영화 〈자산어보〉에도 이 시를 연상시키는 장면이 나옵니다.

사채로 전락한 환곡

환곡은 고구려 고국천왕 때 시작된 제도로, 나라에서 굶는 백성들에게 식량을 빌려주었다가 가을 추수기에 5~10퍼센트 이자와 함께 돌려받는 것이었습니다. 그런데 조선 후기에 나라 재정이 어려워져 각급 기관에서 이 이자를 운영비로 쓰면서 문제가 생깁니다.

처음에는 이자를 '모곡耗穀*'이라고 표현했습니다. 현대와 같은 이자는 아니었습니다. 조선 시대에는 쌀 보관 기술이 좋지 않아서 쌀이 변질되거나 쌀을 쥐가 먹어 버리는 경우가 많았습니다. 그래서 빈쌀을 채워 넣는 의미로 5~10퍼센트를 더 받았던 것이지요. 그런데 조선 후기엔 이 모곡을 현대의 이자처럼 받기 시작한 겁니다.

문제는 관리들이 환곡을 횡령하거나 잘 관리하지 않아 손실이 생

📍 모곡

빌려준 곡식을 돌려받을 때, 그 곡식을 쌓아 두는 동안 축이 날 것을 미리 셈해 한 섬에 몇 되씩 더 받던 곡식을 말한다.

겼고, 농민들이 환곡을 갚지 못하는 경우에도 손실이 생겨 그 손해 액이 엄청나게 불어났다는 것입니다.

나라에서는 백성을 더 쥐어짜서 이 문제를 해결하려고 합니다. 마치 국가가 국민을 상대로 일종의 사채업(대부업)을 벌이는 형국이 되어 버리죠. 당연히 많은 문제가 생깁니다. 한 예로 군영(군부대)도 환곡 이자로 운영을 했는데, 농민들이 이자를 못 갚으면 가족까지 잡아다가 감옥에 가두고 매질을 했다고 합니다. 백성들이 얼마나 원통했을까요.

창곡 환롱 사건은
왜 일어났을까

정조 때는 환곡을 쓰지도 않은 사람들이 총융청撚戎廳*에 잡혀 온 사건이 있었습니다. 이른바 '창곡(倉穀, 창고의 곡식) 환롱(幻弄, 마음대로 희롱하다) 사건'입니다. 《추관지》에 이 사건이 실려 있는데 그 내용을 보면 조선 시대 환곡 제도에 얼마나 문제가 많았는지 알 수 있습니다.

총융청은 수도인 한양 외곽을 방어하는 군부대였는데, 여기도 환곡 이자로 운영됐습니다. 어느 날, 도박장을 운영하던 폭력배들이 사람들에게 돈을 빌려주겠다면서 꼬드깁니다. 그런데 자신들이 빌려주

📍 총융청

조선 후기에 수도인 한양과 한양 외곽을 방어하기 위해 조직한 다섯 군영 중 하나다. 5군영은 훈련도감·어영청·금위영·총융청·수어청을 말한다. 임진왜란 이후 설치됐다. 훈련도감·어영청·금위영은 한양을 방어했고, 총융청·수어청은 한양 외곽을 방어하는 것이 주 임무였다.

는 것은 아니었습니다. 서류상으로는 총융청의 환곡을 빌리는 것으로 하고 자신들이 보증을 섭니다. 문제는 폭력배들이 사람들에게 내어 준 쌀보다 훨씬 많은 환곡을 총융청에서 받아 오거나 심지어 돈을 빌리지 않은 사람까지 장부에 올려 환곡을 빼돌렸다는 것입니다.

그런데도 총융청에서는 중간에서 농간을 부린 폭력배들은 내버려 둔 채 장부만 보고 가혹하게 징수를 합니다. 폭력배들이 가짜로 적어 넣은 사람들까지 잡아 가두었고요. 백성들의 원성이 하늘을 찔렀습니다.

사실 이런 사건은 폭력배들과 총융청 관리들이 손을 잡지 않고서는 일어날 수 없습니다. 총융청에서 군말없이 환곡을 내어 준 사실로도 짐작할 수 있지요. 관리들은 환곡을 빌려 간 사람이 누군지 전혀 확인하지 않고 그냥 내주었으니까요.

사기에 눈감은 조정

이 사건을 보고받은 정조는 철저히 조사하라고 지시했지만, 처벌된 관리는 하나도 없고 폭력배 중 일부만 처벌을 받습니다. 《경국대전》에 따르면, 이러한 범죄는 피해 액수가 클 경우 사형까지 당할 수 있습니다. 하지만 가장 중죄를 저지른 자를 귀양 보내는 것으로 끝내지요.

아이고, 빌리지도 않은 환곡을 갚으라니
이게 웬 날벼락여.
건달들하고 총융청 놈들이 짜고 친 거라던데,
왜 정조 임금님은 이놈들을 잡아들이지 않느냔 말여!
성군은 개뿔! 아이고 내 팔자야~

국가 기관이 환곡 이자로 재정을 충당하려다 사기 범죄를 눈감아 준 씁쓸한 사건입니다. 이 사건을 보면 환곡이 필요하지 않은 사람들에게 강제로 빌려주는 일이 많았다는 사실도 알 수 있습니다. 토지에서 충분히 세금을 걷을 수 있었다면 이런 일은 없었을 텐데 말이지요.

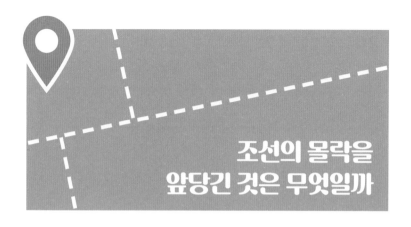

조선의 몰락을 앞당긴 것은 무엇일까

봉건 시대의 가장 확실하고 공평한 세금은 토지에서 걷는 세금입니다. 하지만 조선은 후기에 대동법大同法*과 균역법均役法* 같은 새로운 제도를 만들어 세금을 안정적으로 걷으려 했는데도 큰 성과를 얻지는 못합니다. 그렇다 보니 국고는 점점 더 비어 갔고, 이것이 일제뿐 아니라 서구 강대국들에게 나라가 뒤흔들린 근본 원인이지 않을까 싶습니다.

📍 대동법과 균역법

대동법은 지방의 특산물인 공물을 쌀로 바칠 수 있게 한 제도다. 쌀을 얻기 어려운 산간 지역 등에서는 삼베, 무명 등으로 내게 했다. 쌀로 낼 경우엔 1결당 12두씩 내게 해서 땅 없는 백성은 환호한 제도이다. 반면 대부분 토지 소유자인 양반들은 격렬하게 반대했다. 광해군 때 일부 지역에서 도입되었다가 숙종 때 전국적으로 실시되었다.

균역법은 영조 때 시행되었는데, 군역을 대신해 내던 군포를 1인당 2필에서 1필로 줄이고, 줄어든 세수는 군포를 면제받던 양반들에게 받아 충당했다. 양반들은 군포를 내거나 1결당 2두를 내야 했다.

청나라의 과감한 개혁

같은 봉건 국가이지만 중국 청나라는 조선과 같은 재정 위기는 겪지 않았습니다. 제4대 황제인 강희제가 인두세를 개혁한 것이 재정 안정에 큰 도움을 준 것이지요. 강희제는 특정 시점을 정해서 그 이전에 태어난 사람에게만 인두세를 걷고 이후에 태어난 사람에게선 인두세를 걷지 않았습니다.

그러자 청나라 인구가 갑자기 많아집니다. 실제로 아이를 더 낳은 건 아닙니다. 인두세를 피하려고 숨겨 놓았던 아이들을 뒤늦게 등록해 생긴 현상이지요.

강희제 다음 임금인 옹정제雍正帝는 인두세를 토지세에 통합했습니다. 결과적으로 인두세를 없애고 토지세를 더 걷은 셈이지요. 땅이 없는 백성들은 환호했습니다. 나라의 재정 상태도 아주 좋아졌고요.

청나라도 조선처럼 관리들의 부정부패와 외세의 침략으로 큰 어려움을 겪었습니다. 하지만 강희제, 옹정제 시기의 개혁 덕분에 세금을 안정적으로 걷을 수 있었습니다. 이런 탄탄한 재정 덕분에 19세기 말 양무 운동洋務運動*도 펼칠 수 있었던 거지요. 당시 청나라

📍 양무 운동

19세기 후반 청나라에서 일어난 근대화 운동이다. 서양의 문물과 기술을 받아들여 강한 나라를 만들자는 취지였다. '양무洋務'는 다른 나라와 교섭하는 일을 뜻하는데, 넓게는 서양의 문물과 기술을 받아들인다는 뜻으로 쓰였다. 청은 아편전쟁과 태평천국운동을 겪으면서 서양 무기가 얼마나 우수한지 체감한다.

▲ 옹정제. 인두세를 없애는 대신 토지세를 더 걷었다. 그로 인해 옹정제는 민심도 얻고, 국고도 충분히 채울 수 있었다. 조선도 기득권층인 양반들이 반발하더라도 토지세를 안정적으로 걷었다면 국가 운명이 달라졌을지 모른다.

는 서양의 무기, 군함 등을 사들이면서 근대화를 이루기 위해 애씁니다.

물론 근대화라는 것은 단순히 신식 무기를 사들인다고 해서 이룰 수 있는 건 아닙니다. 진정한 근대화는 자유와 평등이라는 근대 사상을 토대로 근대적 제도를 갖추는 것입니다. 결국 청나라는 외세의 침략에 적절히 대응하지 못한 채 국민들이 들고일어나 무너지고 말았습니다.

조선은 강희제, 옹정제처럼 개혁을 강하게 밀어붙이지 못했습니다. 1인당 걷던 군포 2필을 1필로 줄였다는 점은 의미가 있지만, 청에 비하면 미약했습니다. 조선은 양반들이 반발해 누가 얼마만큼의 땅을 가지고 있는지 조사하는 양전 사업도 중단될 정도였으니 세금 개혁은 꿈도 못 꾼 거지요.

군인도 굶주린 나라

삼정의 문란으로 조선은 밑바닥부터 흔들렸습니다. 백성들이 들고일어났고, 군인들마저 들고일어납니다. 대표적으로 고종 19년(1882)에 임오군란이 일어납니다. 일제가 강화도 조약으로 조선을 억지로 개항시키면서 조선을 지배할 야욕을 드러내던 시기죠. 이렇게 국가가 위태로운데, 군인들은 왜 들고일어났을까요?

구한말 학자 황현의 《매천야록梅泉野錄》에 당시 상황이 기록돼 있습니다. 황현은 1910년 대한제국이 일제에 강제로 병합되자 이에 항의해 자결합니다.

당시 군인들은 봉급이 반년이나 밀려 있었는데 담당 관리인 민겸호 집 하인이 속임수로 쌀에 겨를 섞어 많은 이익을 챙겼다고 합니다. 이에 많은 군인이 크게 분노하여 그 하인들을 두들겨 팼습니다. 민겸호가 주동자를 잡아서 포도청에 가두고 죽이겠다고 하자 군인들이 민겸호를 원망하면서 분노하여 칼을 뽑으면서 "굶어 죽는 것이나 법에 따라 죽는 것이나 죽는 것은 마찬가지다. 그러니 어찌 마땅히 죽일 놈을 죽여서 억울함을 풀지 않으랴"고 했다고 합니다. 군인들은 민겸호 집에 몰려가 집에 있던 진귀한 물건을 마당에 모아 놓고 "한 푼이라도 훔쳐 가는 자는 죽이자"면서 불에 태우니 비단과 구슬에서 오색 불꽃이 타오르고, 인삼·녹용·사향 타는 냄새가 몇 리 밖까지 퍼졌다고 합니다.[3]

1882년의 조선은, 부패한 고위 관리들은 온갖 방법으로 재물을 긁어모으고, 군인들에게는 봉급조차 줄 수 없는 나라였습니다. 국가가 제 기능을 할 수 없는 지경에 이른 거지요. 구한말에 일본 군대와 싸운 것은 동학 농민군과 그 후 자발적으로 결성된 의병이었습니다. 임오군란 같은 사건이 터질 정도로 국가가 무능한 상태였

으니, 백성들이 일본군과 직접 싸운 것은 불가피한 선택이 아니었을
까 싶습니다.

일본은 19세기 동아시아에서 유일하게 서구식 근대화에 성공한 나라입니다. 그리고 조선을 식민지로 삼지요. 이를 막기 위해 동학 농민군, 의병 등 선조들은 맞서 싸웠지만, 일본군의 총을 막아 내진 못합니다.

자신의 안녕만을 바란 왕

나라가 이 지경이 될 때까지 조정에서는 무엇을 하고 있었을까요? 국제 사회 흐름을 간파한 선각자들이 독립협회를 조직하고 만민공동회를 열어 조선을 인권과 민주가 보장되는 근대 국가로 바꾸어 보려고 했지만, 조선 왕조는 이늘이 요구하는 개혁안을 모두 거부합니다. 결국 일제의 침략에 속수무책으로 당하고 맙니다.

1905년 대한제국은 일본과 강제로 을사조약을 맺습니다. 주 내용은 외교권 박탈입니다. 즉 일본이 우리의 외교권을 가져가겠다는 것이죠. 당시 일본 통감統監*인 이토 히로부미는 경복궁을 포위하고는 조약에 서명하도록 강요했습니다. 이때 조선 왕과 신하들은 죽음으로 항거하지는 못할망정 하라는 대로 할 테니 조약에 "일본국 정부는 조선 황실의 안녕과 존엄을 유지함을 보증함"이라는 조항을 넣어 달라고 요청하기에 이릅니다. 나라가 망해 가는데도 조선의 왕은 '자신과 제 가족의 안녕'만을 신경 썼던 것입니다. 나중에 헤이그 특사**로 파견된 이상설은 1905년에 다음과 같은 사설을 《대한매일신보》에 싣습니다.

이 조약은 맺어도 망하고 거부해도 망한다. 망하는 것은 똑같은데 어찌 황제는 사직을 위하여 죽으려 들지 않는가.

📍 통감

1906년부터 10년까지 일제가 대한제국의 내정을 간섭하기 위해 한양에 설치한 통치 기구다. 초대 통감이 이토 히로부미다.

🌏 헤이그 특사

1907년 네덜란드 헤이그에서 열린 제2차 만국평화회의에 고종은 을사조약의 부당함을 알리려고 이준, 이상설, 이위종을 특사로 비밀리에 보낸다. 특사들은 일본의 방해로 회의에 참석하지는 못했고, 회의장 밖에서 을사조약의 부당함을 외쳤다. '헤이그 특사 사건'을 구실로 일본은 고종을 강제로 퇴위시켰다.

공출이 말해 주는 것

조선을 식민지로 삼은 일제는 자신들의 제도를 그대로 조선에 옮겨 옵니다. 그리고 본격적으로 조선의 자원들을 빼앗아 갔습니다. 그뿐인가요. '조선 태형령朝鮮 笞刑令'이라는 법을 만들어 조선인들의 경우 아주 사소한 것만 위반해도 잡아다가 50센티미터가 넘는 매로 수십 대를 때리곤 했습니다. 조선인은 사람 취급을 못 받은 거지요. 전쟁을 일으켰을 때는 많은 조선인을 강제로 전쟁터에 끌고 가 죽게 했고, 일본에도 강제로 끌고 가 거의 돈도 주지 않고 고된 일을 시켰습니다. 여성들은 일본군 '위안부'로 끌고 갔고요.

지금도 일본이 우리나라를 발전시켰다고 주장하는 사람들이 있습니다. 하지만 일제는 조선을 발전시키기 위해 애쓴 것이 아니라 차례차례 우리의 것을 빼앗아 가기 위해 자신들의 제도를 이식한 것에 불과합니다. 일본은 그때나 지금이나 자신들이 조선에서 세금으로 걷어 간 것보다 더 많은 돈을 조선에 쏟아부었다고 선전합니다.

하지만 일제의 공출供出*만 봐도 그 주장이 말이 안 된다는 걸 바로 알 수 있습니다. 일제는 태평양전쟁 시기에 쌀을 비롯한 식량뿐 아

📍 일제의 공출

일제가 전쟁 기간에 식량 등을 강제로 내놓게 한 제도를 말한다. 식량의 경우 너무 많이 가져가서 농민들은 생계를 이을 수 없을 정도였다. 그뿐만 아니라 식량을 가져가는 대신 지급한 보상금도 각종 기부금 명목으로 다시 걷어 갔다. 결국 식량을 강제로 빼앗아 간 것이다.

▲ 조선총독부가 제작한 쌀 공출 선전 포스터(위)와
1942년 서울의 한 여학교 학부모들에게서 공출한
놋그릇들

니라 집에서 쓰는 놋그릇까지 빼앗아 갔습니다. 생존 기반이 무너질 정도로 조선의 자원을 싹 쓸어 갔지요. 이때 조선인들에게 형식적이나마 보상금을 지급했는데 곧 이 돈도 기부금으로 둔갑시켜 빼앗아 갑니다. 공출해 간 것은 아예 자신들의 세수 통계에 넣지도 않았지요.

해방 후 1951년 국회에서 한 국회의원이 공출의 실태를 밝힌 적이 있습니다. 자신은 1년에 50석 농사를 짓는데 공출로 30석을 냈고, 그 보상금으로 받은 돈을 모두 반강제로 기부금으로 냈다는 것입니다. 1년 동안 농사지은 것의 60퍼센트를 강탈해 간 것이 공출의 진짜 모습입니다. 자작농조차 끼니를 잇기 어려웠고, 소작농은 굶주림에 허덕였습니다.

그런데도 일본은 이런 내용은 싹 빼고 공식적으로 세금 명목으로 걷은 돈과 자신들이 지출한 액수만 놓고 비교하면서 자신들이 한국의 발전을 위해 얼마나 많이 투자했는지 내세우고 있습니다. 일부 한국 학자들이 여기에 맞장구치는 것은 이해할 수 없는 일이지요.

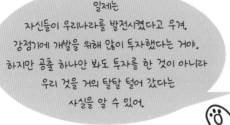

일제는 자신들이 우리나라를 발전시켰다고 우겨. 강점기에 개발을 위해 많이 투자했다는 거야. 하지만 공출 하나만 봐도 투자를 한 것이 아니라 우리 것을 거의 탈탈 털어 갔다는 사실을 알 수 있어.

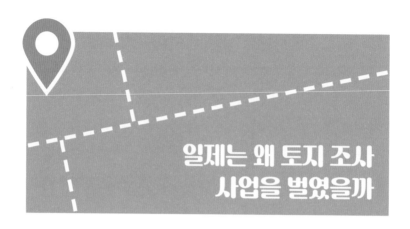

일제는 왜 토지 조사 사업을 벌였을까

일제는 조선의 국권을 완전히 빼앗은 후인 1912년 전국적으로 토지 조사 사업을 벌입니다. 한 나라를 완전히 지배하려면 그 나라의 인력과 자원을 파악하는 것이 매우 중요하니까요. 그건 앞서 소개한 우리 역사만 봐도 알 수 있는 일이지요. 통일신라가 〈신라 촌락 문서〉를 만들고 조선 시대에 20년에 한 번씩 양전 사업을 벌인 것도 같은 배경에서입니다.

기존의 토지 소유권만 정리

어떤 사람들은 일제의 토지 조사 사업 덕분에 한국에 근대적 소유권이 확립되었다고 합니다. 쉽게 말하면, 조선은 미개해서 소유권이란 개념 자체가 없었는데 일제가 그 개념을 만들어 주었다는 주장입니다. 20퍼센트만 맞고 80퍼센트는 틀린 시각입니다. 일제는 원래 존재하던 토지 소유권을 확인해 정리한 것뿐입니다. 무언가 새로운 것을 창조한 것이 아닙니다.

물론 일제가 토지 조사를 하고 그것을 바탕으로 정리하면서 현대 한국의 토지 소유권 기초를 닦은 건 사실입니다. 일제는 소유자들의 신청과 자체 조사, 관련자들의 이의신청을 거쳐 누가 토지 소유자인지 확정하는 절차를 밟았습니다. 이런 작업을 통해 토지조사부土 地調查簿* 서류에 소유자를 등재했습니다. 현재 대한민국 법원도 일제가 만든 토지조사부에 소유자로 올라간 사람을 적법한 소유자로 추정하고 있습니다.

땅을 빼앗긴 사람들

그런데 일제의 토지 조사 사업에 문제는 없었을까요? 가장 큰 문제는 땅 주인 외에 다양한 형태로 존재하는 사람들의 권리를 박탈했

📍 토지조사부

토지조사부는 일제가 1912년부터 18년까지 토지 면적, 소유자 등을 전국적으로 조사해 기록한 자료이다. 토지조사부에 등재된 사람이 소유자로 추정되었다. 토지대장은 토지 면적, 소유자 변동 등을 기재한 공문서다. 토지조사부를 기초로 해서 토지대장이 작성되었다.

▲ 토지 조사에 나선 일제 관리들

황무지 개간한 내 땅이다!
몰수라니
웬말이냐, 웬말이냐!

문중 땅 가로챈 윤○○을
구속하라,
구속하라!

다는 겁니다. 대표적인 사람이 도지권자입니다. 조선 시대에 발전한 권리 중에 '도지권'이라는 것이 있습니다. 척박한 땅을 개간했을 때 생기는 권리인데, 여느 소작인과 달리 도지권자는 소작료를 조금만 내도 됐고, 그 토지를 계속 경작할 수 있었으며, 그 권리를 상속할 수도 있었습니다. 도지권은 땅값의 2분의 1 내지 3분의 1 정도의 시세로 거래되었다고 하니까 소유권에 맞먹는 강력한 권리였다고 할 수 있습니다.

그런데 토지 조사 사업과 일본 법을 적용하는 과정에서 도지권자의 권리가 완전히 부정된 겁니다. 도지권자들은 엄청난 재산 피해를 보았지요. 일부 도지권자는 나중에 권리를 인정해 달라며 소송을 제기했지만, 도지권보다 훨씬 낮은 수준으로 권리가 인정된 사례가 있는 정도입니다.

도지권자뿐 아니라 당시 허술하게 관리되던 국유지에 일정한 권리를 가진 사람들도 그 권리를 부정당했습니다. 조선 후기에 들어서면 국유지 관리가 허술해져 개인들에게 팔아 버리는 일도 생깁니다. 권력자들이 국유지를 불법으로 빼앗은 경우가 아니라면 이러한 권리 관계는 정확히 조사해서 실제의 권리자를 보호해 줘야 하지요. 그런데 일제는 별다른 조사 없이 국유지에 존재하는 여러 권리를 다 부정해 버립니다.

또한 각종 단체의 토지 소유권도 모두 인정하지 않았습니다. 일제 강점기 때만 해도 농촌엔 마을마다 ㄱ 마을이 소유한 땅이 있었습니다. 이 땅에서 생산된 것들로 돈을 벌면 그 돈은 마을을 위해 쓰였지요. 지금도 제주도에서는 마을 공동체가 밭 등을 소유하면서 거기에서 생긴 이익을 마을 공동 사업이나 학자금으로 씁니다.

　그런데 일제는 이런 권리를 인정하지 않았습니다. 각종 단체는 어쩔 수 없이 대표자 한 명을 뽑아 그의 재산으로 등록할 수밖에 없었습니다. 그로 인해 대표자가 나쁜 마음을 먹고 마음대로 팔아 버려도 그 토지를 회복할 방법이 없게 되었지요. 절의 경우는 토지 소유 주체로 인정해 주었지만 문중門中*이나 교회는 토지 소유 주체로 인정하지 않았습니다. 그래서 문중과 교회도 대표자 한 명을 뽑아 그의 재산으로 등록할 수밖에 없었습니다. 그 과정에서 재산을 잃는 일도 생겼고요.

📍 문중
공동의 조상을 지닌 자손들로, 조상에게 제사 지낼 목적으로 조직된 부계 혈연 집단을 말한다.

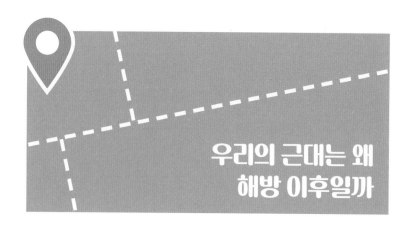

우리의 근대는 왜 해방 이후일까

　　일제는 조선에 존재해 온 관습적인 권리도 전혀 인정하지 않았습니다. 어떤 사람들은 일제가 토지에 '절대적' 소유권을 부여했기 때문에 조선을 근대 사회로 발전시켰다고 주장하지만, 하나의 물건에 하나의 소유자만 존재하는 제도가 근대적이라는 주장은 아무 근거가 없습니다. 오히려 하나의 물건에 여러 권리가 존재하는 것이 자연스럽고, 그 권리들을 서로 잘 조절해 조화를 이루게 하는 것이 합리적이고 근대적이지요.

　이렇게 일제가 조선의 전통을 무시하고 절대적 소유권을 확립한 것은 지주들을 보호해서 자기들 말을 잘 듣는 충실한 '2등 신민'으로 만들려는 의도였다는 분석도 있습니다.

　한편 절대적 소유권의 확립은 인구의 대다수를 차지하는 소작인의 지위에 악영향을 미칠 수밖에 없었습니다. 땅을 가진 사람이 절대

적인 지위를 가진다면, 그 토지를 경작하는 농민은 그만큼 더 약자
가 될 수밖에 없지요. 그 결과, 신분 제도가 형식적이나마 사라진 근
대 사회가 되어도 농민의 지위는 이전보다 나아지지 않았습니다. 어
떤 면에서는 더 열악해졌지요.

신분을 고수한 일제

근대 사회는 합리성과 이성을 기반으로 하기 때문에 신분이 철폐
된 사회입니다. 하지만 일제가 도입했다고 하는 근대는 불합리하고
비이성적인 것이었습니다. 앞에서 말했듯이 일제는 사소한 경범죄에
도 조선인들을 매질했습니다. 신분을 없앴다면서 여전히 백정을 차
별했고요. 조선 시대에 극심한 차별과 억압을 받았던 백정 출신들의
호적에 '도한(屠漢, 백정의 다른 말)'이라고 붉은 글씨로 표기해 놓은 겁
니다. 백정 출신들은 형평사衡平社 라는 단체를 조직해 이런 일제에
맞섰습니다. 백정 해방 운동을 벌였습니다.

또한 일제는 간통죄로 처벌할 때 유부녀일 경우만 처벌했습니다.

📍 형평사

1923년 백정들이 신분 해방을 목적으로 결성한 단체다. 당시 일제는 신분이 사라졌는데도 호적에
백정 출신이라고 표기했고, 백정의 자식들은 학교에 입학도 할 수 없게 했다. 농민들 역시 여전히
백정을 내려다봐서 단체 결성식 때 형평사 회원들을 폭행하기도 했다.

▲ 형평 운동 포스터. '형평'은 백정들이 쓰던 저울이다. 1894년 갑오개혁으로 공식적으로는 신분이 철폐되었다. 하지만 이후에도 일제는 백정들 호적에 붉은 글씨로 '도한'이라고 써 넣어 차별했다. 신분제는 전근대 사회의 특징이다.

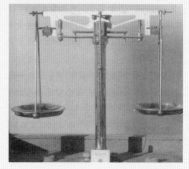

▶ 형평 저울

유부남과 그 상대방은 처벌하지 않았습니다. 이는 명백한 남녀 차별로, 현대에는 도저히 용납될 수 없는 일이지요. 이런 내용들만 보더라도 일제가 조선을 근대 사회로 전환했다는 것은 받아들이기 어렵습니다. 우리의 진정한 근대는 해방 이후에 시작되었다고 볼 수 있습니다.

소작쟁의는
왜 일어났을까

　　일제 강점기의 가장 불합리한 제도를 꼽으라
면 단연 소작 제도일 겁니다. 당시 조선인 대다수는 농민이고, 또한
이들 대부분은 소작인이었습니다. 소작인은 자기 땅이 없어 남의 땅
을 빌려 농사를 짓는 사람들입니다. 땅을 빌린 대가로 생산량의 일
정 비율(=소작료)을 지주에게 바쳤지요. 예를 들면 빌린 땅에서 쌀이
10가마니 나왔다면 이 중 몇 가마니는 소작료로 지주에게 줘야 했
다는 말입니다.

　　그런데 문제는 소작료가 너무 높았다는 점입니다. 1928년의 조사
자료[4]에 따르면, 소농의 경우 49.9퍼센트를 소작료로 냈고, 경기도의
경우엔 평균 소작료가 생산량의 68.8퍼센트였습니다. 결국 뼈 빠지
게 농사짓는 건 농부인데 지주가 생산량의 절반이나 가져가는 구조
인 거죠. 심지어 어떤 지역에선 지수가 거의 70퍼센트를 가져갔습니

다. 이렇게 주고 나면 소작인들은 어떻게 먹고살까요? 굶주림에 시달릴 수밖에 없습니다.

소작료 70퍼센트

옛날에는 '보릿고개'라는 말이 있었습니다. 보리는 5월에서 6월경에 익는데, 그 전에 작년에 수확한 쌀이 다 떨어져 먹을 것이 부족한 시기를 말합니다. 농민들은 쌀을 빌릴 수밖에 없었는데, 이자가 너무 비쌌습니다. 가을에 추수한 후 빌린 쌀에 이자까지 내면 다시 먹을 쌀이 부족해지는 악순환이 이어졌지요.

마침내 소작인들이 들고일어납니다. 소작료 인하와 생존권 보장을 외치지요. 이 집단행동을 '소작쟁의*'라고 합니다. 물론 일제는 농민들을 가만두지 않았습니다. 극심하게 탄압하지요.

소작제가 얼마나 문제가 많았던지 1941년 충칭 임시정부가 발표한 건국 강령에서도 이 문제를 어떻게 해결할지 밝힙니다. 건국 강령

📍 **소작쟁의**

소작인들이 지주나 일제에게 소작권 보장, 소작료 인하, 지주의 세금 전가 금지 등을 요구한 집단행동을 말한다. 소작쟁의는 전국 곳곳에서 일어났다. 소작인들은 다음과 같은 방법으로 투쟁했다. 불경동맹(不耕同盟, 경작을 집단적으로 거부하는 행위), 불납동맹(不納同盟, 소작료 납부를 집단적으로 거부하는 행위), 아사동맹(餓死同盟, 굶어 죽기를 각오하고 투쟁하는 행위) 등이다. 소작쟁의는 일제의 지배에서 벗어나자는 독립운동으로 발전해 갔다.

워라고 써 있는지 볼까?
지주가 "달라는 대로 안 주니
이놈 좀"이라니 일제 경찰이
"이놈아! 야가마시(시끄럽다)"라며
소작농을 포박해 잡아가는군.
소작농은 "나야 우슨 죄가 있소,
옥구영이 원수요!"라며 울먹이네.
아, 내가 울고 싶다.

▲ 지주와 소작농의 관계를 보여 주는 만화(위는 《조선일보》 1924년 1월 1일 자, 아래는 《동아일보》 1924년 11월 28일 자). 일제는 1910년대 토지 조사 사업과 20년대 산미 증식 계획을 추진하며 조선의 농민들을 몰락시켰다. 소작농들은 20년대까지 생산량의 절반을 소작료로 내야 했는데 이러한 관행에 문제를 제기하며 쟁의를 일으켰다. 22년 24건이었던 쟁의가 28년에는 1590건에 이르렀다.

은 해방 후 건설하려는 나라의 방향이 잘 나타나 있는 글입니다.

> 토지는 자신의 힘으로 농사짓는 이들에게 나누어 주는 것을 원칙으로 하되, 고용농(소작인을 말한다. – 저자 주), 자작농, 소지주농, 중지주농 등에서 가장 낮은 위치에 있는 농민에게 우선권을 준다.

5장

토지 제도 3 :
해방 이후부터
현대까지

해방 직후엔 농지를 농민에게 나눠 줬대.
땅을 소수가 독점하는 요즘 같은 세상에선
전혀 상상이 안 되는 일이지.

왜 법은 농지를 농민에게 나눠 주라고 했을까

　　1945년 일본 제국주의가 패망하고 조선은 독립합니다. 하지만 불행히도 남북한으로 분단되고 남북한에 따로 정부가 들어서지요. 48년 남쪽에 수립된 대한민국은 헌법을 만들면서 제86조에 "농지는 농민에게 분배하며 그 분배의 방법, 소유의 한도, 소유권의 내용과 한계는 법률로써 정한다"고 규정해 놓습니다. 농지 분배를 약속한 겁니다. 이런 농지 개혁에 지주들은 크게 반발했습니다. 하지만 국민 대부분이 농민이니 이들의 열망을 누구도 무시할 수는 없었지요.

　　원래 헌법 초안에는 "농지는 농민에게 분배함을 원칙으로 하며"로 돼 있었는데 "원칙"으로 한다는 건 예외를 두려는 것 아니냐는 반론이 제기되어 예외를 두지 않는 문구인 "농지는 농민에게 분배하며"로 바뀌었습니다. 이것은 농지를 분배할 때 어떤 예외도 무시 않겠나는

▲ 제헌 국회 모습. 제헌 의원들은 "농지는 농민에게 분배"해야 한다고 헌법에 명시했다.

제헌 국회制憲國會* 의원들의 강력한 의지를 반영한 것이지요.

"농지는 농민에게!"

농지 개혁을 완수하려면 헌법만으로는 부족했습니다. 전국에 농지가 얼마나 되고 그 농지를 실제 경작하는 사람이 누군지 일일이 조사를 한 후 헌법대로 실행할 수 있는 법률도 만들어야 합니다. 그 법률이 농지 개혁법입니다.

농지 개혁을 주도한 사람은 대한민국 초대 농림부 장관인 조봉암입니다. 조봉암은 농지 개혁법이 통과되기 전부터 두 차례에 걸쳐 개혁에 필요한 조사를 했습니다. 헌법대로 실행할 법률만 통과되면 바로 농지 개혁을 할 수 있게 모든 준비를 해 놓은 것이죠. 또한 정부 안에서만 논의되던 농지 개혁 법안을 공개해 못 박음으로써 농지 개혁이 후

▲ 농지 개혁법

퇴하는 것을 막았습니다. 일단 법안이 공개되자 국민의 관심이 폭발했고, 공개된 정부안보다 후퇴된 안을 통과시키는 것은 정치적으로 불가능하게 되었습니다.

📍 제헌 국회

제헌은 만들 '제制'에 법 '헌憲' 자다. 즉 제헌 국회란 헌법을 만드는 의회라는 뜻이다. 헌법은 언제 만들까? 막 국가가 건국되었을 때다. 우리는 해방 후 1948년 5월 10일 국회의원 선거를 치렀다. 우리 역사상 최초로 시행된 보통선거로 제주도를 제외한(4·3사건으로 선거를 치르지 못했다) 지역에서 총 198명의 제헌 의원, 즉 헌법을 만들 의원들을 뽑았다. 제헌 의원들은 7월 17일 헌법을 공포하고, 이날을 기념한 것이 제헌절이다.

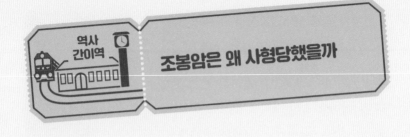

조봉암(曺奉巖, 1898~1959)은 독립운동가이자 정치인입니다. 일제 강점기에 독립운동을 하다가 여러 차례 투옥되었고, 한때는 조선공산당에서 활동하기도 했습니다. 해방 후에는 북한 측에 가담하지 않고 대한민국 정부 수립에 참여해 제헌 의원으로 선출됐고, 이승만 대통령 때 농림부 장관으로 임명돼 농지 개혁을 적극 추진했지요.

조봉암은 1956년 대통령 선거에 출마합니다. 30퍼센트를 득표하면서 큰 주목을 받지요. 장기 집권을 꿈꾸던 이승만에겐 위협적인 존재였습니다. 결국 이승만은 조봉암에게 '간첩'이라는 누명을 씌워 사형시킵니다. 조봉암은 다음과 같은 유언을 남깁니다.

이 박사(이승만)는 소수가 잘살기 위한 정치를 하였고 나와 나의 동지들은 국민 대다수를 고루 잘살리기 위한 민주주의 투쟁을 했소. 나에

▲ 1958년 10월 25일, 2심 재판 중인 조봉암. 2011년에 열린 재심에서 대법원은 조봉암에게 무죄를 선고했다. '진보당 사건'으로도 불리는 이 '조봉암 사건'은 대한민국 최초의 사법살인司法殺人*으로 기록되었다.

게 죄가 있다면 많은 사람이 고루 잘살 수 있는 정치 운동을 한 것밖에는 없는 것이오. 그런데 나는 이 박사와 싸우다가 졌으니 승자로부터 패자가 이렇게 죽임을 당하는 것은 흔히 있을 수 있는 일이오. 다만, 나의 죽음이 헛되지 않고 이 나라의 민주 발전에 도움이 되기를 바라며 그 희생물로는 내가 마지막이 되기를 바랄 뿐이오.

📍 사법살인
죄가 없는데도 법률에 의해 사형 선고를 받거나 사형당한 것을 말한다.

2011년 대법원은 조봉암의 후손들이 제기한 재심청구再審請求*를 받아들여 조봉암에게 무죄를 선고했습니다. 억울하게 사형당한 지 52년 만이지요. 대법원 무죄 판결의 일부를 옮깁니다.

피고인(조봉암)은 일제 강점기하에서 독립운동가로서 조국의 독립을 위하여 투쟁하였고, 광복 이후 조선공산당을 탈당하고 대한민국 건국에 참여하여 제헌 국회의 국회의원, 제2대 국회의원과 국회 부의장 등을 역임하였으며, 1952년과 1956년 제2, 3대 대통령선거에 출마하기도 하였다. 또한, 피고인은 초대 농림부 장관으로 재직하면서 농지 개혁의 기틀을 마련하여 우리나라 경제 체제의 기반을 다진 정치인이었다. 그런데 그 후 진보당 창당과 관련한 이 사건 재심대상판결로 사형이 집행되기에 이르렀는바, 이 사건 재심에서 피고인에 대한 공소사실 대부분이 무죄로 밝혀졌으므로 이제 뒤늦게나마 재심 판결로써 그 잘못을 바로잡고….

조봉암의 죽음을 보면 평등한 대한민국은 많은 사람의 희생 위에서 이루어진 것임을 알 수 있습니다. 앞 세대들의 노력을 기억해야겠습니다.

📍 재심청구
피고인이 유죄 판결이 확정된 후 증거 위조, 위증, 새로운 증거 발견 등 법률이 정한 사유가 있는 경우 다시 재판해 줄 것을 청구하는 것을 말한다.

농지 개혁은 경제 성장에 어떤 영향을 끼쳤을까

농지 개혁법은 국회를 통과했지만, 이승만 대통령이 일부 조항을 거부하는 바람에 다시 법안을 논의하여 의결하는 등 진통을 겪었습니다. 어쨌든 농지 개혁법은 1949년에 제정되어 50년에 실행됩니다. 농지가 분배되지요. 일부 지역에서는 6·25 한국 전쟁이 발발해 농지 분배 사무가 중단되었다가 전쟁이 끝난 후 모두 완료되었습니다. 이로써 모든 소작인은 자신이 농사짓던 땅을 소유할 수 있게 되었습니다. 다만 원칙적으로 자신이 직접 농사를 짓는 것이 전제였기 때문에, 면적의 한도를 3정보(약 9000평, 1정보=약 3000평)로 한정했습니다.

농민들은 연간 생산량의 150퍼센트를 5년에 나누어 납부하면 땅 주인이 될 수 있었습니다. 예를 들어 일 년에 10가마니가 나오는 땅이라면 15가마니를 5년에 걸쳐 납부하면 되는 것이지요. 물론 지주에게도 15가마니만큼 보상을 해 주었습니다. 당시에는 이것을 '유상 몰수, 유상분배'라고 했지요. 여기서 유상有償은 있을 '유有'에 갚을 '상償'으로, 즉 대가를 지불해야 한다는 뜻입니다. 비록 땅값을 내기 는 했지만, 소작농 입장에서 보면 이전에 50퍼센트씩 내던 소작료에 비하면 훨씬 적게 내는 것이라서 불만스러워하지 않았습니다.

실제로 1959년에 정부가 상환된 쌀을 모두 계산해 보니, 93.2퍼센 트가 납입되고 미납된 쌀은 6.8퍼센트에 불과했습니다. 60년대에는 미납된 쌀을 돈으로 갚도록 법률이 바뀌었지요. 그 돈조차 1950년 도 쌀값으로 계산했으니 농민들에게 큰 부담이 되지 않았습니다.

농지 개혁은 경제 성장의 밑거름

농지를 분배해서 땅 한 평 없던 농민들이 농지를 소유하게 되었 고, 그 결과 대한민국은 매우 평등한 상태에서 출발할 수 있었습니 다. 봉건 지주 계층을 모조리 없애 버린 것이지요. 분배된 농지 덕분 에 농민들은 극단적인 빈곤에서 벗어날 수 있었고, 자식들을 교육시 킬 수 있었습니다. 이런 토대에서 한국은 1960년대부터 경제를 발전 시킬 수 있었습니다. 다른 나라 역사를 보더라도 농민이 노예나 다 름없는 생활을 하는 나라는 대부분 빈곤에서 벗어나지 못하고 경제 발전도 하지 못했지요.

▲ 서울 청계천.
해방 직후 농지 개혁을 단행한 덕분에
대한민국 국민은 평등한 상태에서 출발할 수 있었고,
이것이 경제 발전의 토대가 되었다.

1960년대까지 필리핀은 한국을 도울 정도로 아시아에선 꽤 넉넉한 국가였습니다. 그런데 필리핀은 지주들의 반발 때문에 농지를 개혁하지 못했습니다. 그 결과 현재도 농지를 소유하지 못한 농민이 많고 소수의 지주가 대부분의 농지를 소유하고 있습니다. 당연히 경제 발전에도 좋지 않은 영향을 미쳤습니다. 70년대 급속한 경제 발전을 이룬 나라들을 보면 농지 개혁을 했거나 그럴 필요가 없는 나라들이었다는 점이 이를 증명합니다. 우리를 비롯해 타이완, 홍콩, 싱가포르 등이 그런 국가인데, 우리와 타이완은 농지 개혁을 단행했고, 홍콩이나 싱가포르는 농지 개혁이 필요 없는 도시국가였습니다.

왜 농지 개혁이
역사적으로 중요할까

앞서 말했듯이 농지 개혁으로 지주 계급이 사
라졌습니다. 어떤 학자가 한 마을의 토지대장을 모두 받아서 분석한
바에 따르면, 농지 분배 이후에 지주였던 사람들은 다시 지주로 복
귀하지 못했고, 농촌 마을에서 지주와 소작인 간의 불평등한 관계도
사라졌다고 합니다.

옛날 농촌에서는 사람이 죽으면 마을 사람들이 함께 장례식을 치
렀습니다. 상여를 메고 장지로 가는 것도 그중 한 과정이었지요. 농
지 분배 전에는 지주 가족 장례식에서 소작인들만 상여를 맸습니다.
그런데 농지 분배 이후에는 이러한 차별이 없어져서 소작인이었던
사람들도 자기 집안 장례식에서 지주에게 상여를 메 달라고 했다는
연구 결과가 있습니다.

지금도 마찬가지지만 당시에 남북한은 경쟁하는 관계였습니다.

공산주의를 표방한 북한은 농지 개혁도 '무상몰수, 무상분배'를 원칙으로 했습니다. 지주들에게 땅을 몰수해서 농민들에게 무상으로 나누어 준 것이지요. 역사에는 가정이 없다고 하지만 만약 대한민국이 농지 개혁을 하지 않았거나 농지 개혁에 실패했다면 아마 한국전쟁의 승자는 북한이 되었을지 모릅니다. 인구 대다수인 농민이 농지를 나누어 준다는 북한 인민군을 환영했을지 모르기 때문이죠.

하지만 농지 개혁을 이룬 덕분에, 한국전쟁 기간에 북한이 잠시 남한을 점령했을 때도 큰 인상을 남기지는 못했습니다. 점령 당시 북한은 다시 농지를 분배해 농민들에게 조금 더 농지가 돌아가게는 했습니다만, 이미 농민들은 농지를 받았기 때문이지요. 한국전쟁에서 대한민국이 패배하지 않은 것은 목숨 바쳐 싸운 분들 덕분이기도 하지만 농지 개혁이라는 큰일을 대한민국 정부가 잘 해냈기 때문이기도 합니다.

농지를 나눠 준 최초의 사건

어떤 학자는 북한의 무상몰수, 무상분배가 농민들에게 더 이익이 되었으리라고 평가합니다. 하지만 북한은 무상분배 이후 무려 생산량(각종 곡물 수확량)의 25퍼센트를 매년 '농업 현물세'로 내게 했기 때문에 무상분배의 의미가 퇴색해 버립니다. 높은 소작료를 해결하기 위해 농지 개혁을 실시한 건데, 국가가 생산량의 25퍼센트나 가져간다면 소작료가 조금 깎인 것에 불과하니까요. 더 나아가 1958년에는 협동농장을 만들어 농지를 다 협동농장에 귀속시켜 버립니다. 토지 소유권 자체를 없애 버린 거지요. 이렇게 보면 남한과 북한의 개혁 중 뭐가 더 나은지는 더 생각해 봐야 할 문제 같습니다.

그럼에도 남북한의 농지 개혁은 5천 년 우리 역사에서 아주 의미 있는 시도였습니다. 토지 중 가장 중요한 농지를 직접 농민에게 분배한 것은 처음 있는 사건이었으니까요.

왜 땅 부자가
다시 나타난 것일까

앞서 말했듯이 대한민국은 농지 개혁 덕분에 평등한 상태에서 출발했습니다. 공업화를 통해 경제 발전과 민주화를 모두 이루어 냈고요. 하지만 1970~80년대에 경제 성장에만 초점을 맞춘 정책을 추진하다 보니 불평등이 깊어지고 빈부 격차가 커집니다. 특히 경제 성장으로 얻은 열매가 골고루 돌아가지 못하면서 빈부 격차가 심각해졌지요. 일례로 부동산 투기* 때문에 토지와 주택 가격이 급격히 올라 서민들 삶이 어려워지죠. 전, 월세 가격도 많이 올랐습니다. 90년도에는 급등한 전세 가격을 감당 못해 일가족이

📍 **부동산 투기**

시세 변동을 이용해 큰 이익을 얻으려는 목적으로 부동산을 사고파는 행위를 뜻한다. 예를 들면 공무원과 결탁해서 개발 정보를 미리 빼내 땅값이 쌀 때 샀다가 가격이 폭등한 후에 파는 행위다. 어느 곳이 개발되면 인근 땅값이 갑자기 많이 오른다는 점을 노린 것이다.

죽는 충격적인 사건도 일어났습니다. 당시 신문에 공개된 아버지의 유서입니다.

전세금을 마련할 길이 더는 없었다. 나 혼자 세상을 떠나려 했다. 가족을 동반해 목숨을 끊는다는 게 얼마나 큰 죄악인가. 그러나 이 각박한 세상에 떨어져 남게 될 처자식의 앞날은 얼마나 고생스러울 것인가. (…) 매년 오르는 집세도 충당할 길 없는 서민의 비애를 자식들에게는 느끼게 하고 싶지 않다.

토지 공개념의 등장

1988년 서울의 버스 요금은 140원이었습니다. 그런데 어떤 지역의 아파트는 하룻밤 사이에 1000만 원이 올랐습니다. 89년 정부에서 발표한 통계 자료에 따르면, 상위 5퍼센트가 전체 개인 소유 토지 중 65.2퍼센트를, 10퍼센트가 76.9퍼센트를, 25퍼센트가 90.8퍼센트를 갖고 있었습니다. 대부분의 서민은 땅 한 평도 갖고 있지 않고, 극소수의 사람이 국토의 대부분을 갖고 있다는 사실에 많은 사람이 분노했습니다. 당시 부동산 투기를 규제하라는 여론이 하늘을 찔렀습니다.

부동산 투기를 해결하기 위해 이른바 '토지 공개념'에 기초한 제도들이 도입됩니다. 토지 공개념은 토지가 한 개인만 소유할 수 있는

와,
이 아파트들 좀 봐!
토지 개혁으로 평등하게 출발했지만
경제 성장 결과물을 공평하게 나누지
못하면서 우리나라는 다시 빈부 격차가 심한
나라가 되었지. 소수의 사람이 집과 땅을
다시 독차지하게 된 거야.
이 문제를 어떻게 풀어야 할까?

절대적인 재산이 아니라 생존권 보장을 위해 필요한 공공 성격을 띠는 재산임을 강조하는 이념이지요. 쉽게 말해 토지는 간척 사업 같은 경우 말고는 계속 만들어 낼 수 있는 것이 아닙니다. 따라서 토지의 개인 소유권을 인정하더라도 토지가 공공 성격을 띠고 있으니, 토지 소유자는 공공 즉 사회가 필요로 할 때는 여러 규제를 받아들여야 한다는 얘기입니다. 이런 생각을 받아들여 우리 제헌 헌법도 농지는 농민에게 분배한다고 규정했고, 현행 헌법 제122조도 이렇게 정하고 있습니다.

> 국가는 국민 모두의 생산 및 생활의 기반이 되는 국토의 효율적이고 균형 있는 이용·개발과 보전을 위하여 법률이 정하는 바에 의하여 그에 관한 필요한 제한과 의무를 과할 수 있다.

헌법재판소에서 토지 공개념을 설명한 구절도 옮겨 보겠습니다.

> 모든 사람에게 인간으로서의 생존권을 보장해 주기 위하여서는 토지 소유권은 이제 더 이상 절대적인 것일 수가 없었고 공공의 이익 내지 공공복리의 증진을 위하여 의무를 부담하거나 제약을 수반하는 것으로 변화되었으며, 토지 소유권은 신성불가침의 것이 아니고 실정법상의 여러 의무와 제약을 감내하지 않으면 안 되는 것으로 되었으니 이것이 이른바, "토지 공개념 이론"인 것이다.

부마항쟁과 부가세

　우리 역사에서도 세금 철폐가 구호로 등장한 적이 있습니다. 1972년 박정희 대통령은 자신이 영원히 대통령이 될 수 있게 법을 고치고, 반대 세력들을 강하게 탄압해 갑니다. 79년 사람들은 더는 참을 수 없는 지경에 이릅니다. 그리고 마침내 부산, 마산 시민들이 "유신 철폐!"를 외치며 거리로 몰려나오죠. 항의 물결은 들불처럼 전국으로 퍼져 나갑니다. 이것이 부마항쟁입니다.

　그런데 당시 구호 중에 "부가가치세를 철폐하라!"도 있었습니다. 우리나라에 부가가치세가 도입된 건 1976년입니다. 부가가치세율은 나라마다 다른데, 우리나라는 10퍼센트입니다. 쉽게 말해 1100원짜리 과자를 샀다면 실제 과자 값은 1000원이고, 여기에 부가가치세로 100원이 붙은 겁니다.

　하지만 부가가치세를 도입하면 사업하는 사람들의 경우 수입이

▲ 부마항쟁 당시 시위대 모습. 항쟁 원인 중 하나가 부가가치세 도입이었다.

자동으로 노출되기 때문에 반발이 컸고, 노동자들 역시 부가가치세가 공평하지 않다며 반감을 드러냈습니다. 한 달에 100만 원 버는 사람이나 1000만 원 버는 사람이나 똑같이 10퍼센트 세금을 내니 적게 버는 사람들은 자연 억울한 마음이 들죠. 또한 당시 물가가 많이 올랐는데 대다수 사람이 부가가치세 때문이라고 여겨서 시민들 반발이 아주 컸다고 합니다.

"부가가치세를 철폐하라!"

1980년 1월 1일에 한 신문이 발표한 여론 조사 결과를 보면, 1970

년대에 나빴던 것으로 '많은 세금'을 꼽은 사람이 54.7퍼센트였습니다. 여기서 세금은 부가가치세를 겨냥한 것이죠. 이런 배경에서 박정희 정권의 몰락 원인 중 하나가 부가가치세 도입이라고 보는 역사가도 있습니다.

세금은 이처럼 왕을 끌어내리거나 정권을 뒤엎는 등 큰 정치적 변화를 일으키는 원인이 되기도 합니다. 그래서 국민의 뜻이 정치에 반영되는 민주적인 국가들은 세금이 공평하게 부과되도록 많은 노력을 기울입니다.

토지 공개념은 어떻게 땅 부자들을 견제했을까

　　헌법에 규정된 토지 공개념을 바탕으로 여러 제도가 만들어졌습니다. 특히 1988~89년에 중요한 제도들이 도입되었습니다. 가장 대표적인 것이 택지 소유 상한제, 토지 초과 이득세, 개발 이익 환수제, 종합 토지세입니다. 용어가 어렵지요? 찬찬히 설명하겠습니다.

　먼저 택지 소유 상한제입니다. 택지는 한마디로 집을 지을 수 있는 땅을 말합니다. 토지가 중요한 이유는 그 위에 집을 짓고 살기 때문이지요. 그런데 누군가 토지를 지나치게 많이 갖는다면 그만큼 땅이 부족해져 토지 가격과 주택 가격이 올라가게 됩니다. 그래서 당시에 택지를 소유할 수 있는 상한선上限線*을 둔 겁니다. 서울의 경우

📍상한선
더 이상 올라갈 수 없는 한계선을 뜻한다.

여러 번 강조한 것처럼
땅은 한정돼 있어.
그래서 소수가 독점하는 일이 없게 제동을 걸고 있지.
한 사람당 집 지을 수 있는 땅을 제한하고,
땅값이 오르거나 개발로 큰 이득을 볼 때도
그만큼 세금으로 내게 하고 있어.

원칙적으로 660제곱미터(약 200평, 1평=약 3.3제곱미터) 이상의 택지를 보유하지 못하게 했습니다.

토지 초과 이득세는 땅값이 급격히 오를 경우 그 이익을 국가가 세금으로 가져가는 제도입니다. 땅값이 올라 생기는 불로소득不勞所得*을 막기 위한 것이지요. 땅값이 많이 오르면 그 상승분의 50퍼센트를 세금으로 걷고 있습니다.

개발 이익 환수제는 개발로 얻은 이익을 국가가 환수還收, 즉 되가져오는 제도입니다. 도시를 대규모로 개발해 그 지역이 살기 좋아지면 땅값이 오릅니다. 전철역이 들어서는 등 공공을 위한 개발 사업 덕분에 땅값이 오르는 경우도 있지요. 이처럼 개발 덕분에 땅값이 올라 이익을 얻었을 때 그 이익의 50퍼센트를 개발자한테서 징수하는 것이 개발 이익 환수제입니다.

종합 토지세는 토지 소유자의 토지를 전부 합해 많이 가진 만큼 더 세금을 내게 하는 제도입니다. 소유한 토지가 많을수록 세금을 높게 매겨서 토지를 지나치게 많이 보유하지 못하게 억제하려는 목적이지요.

📍 **불로소득**
직접 일하지 않고 얻는 소득을 말한다. 은행 이자, 건물 임대료가 대표적이다.

토지 공개념은 기본 제동 장치

이러한 조치 덕분에 급속도로 오르던 땅값이 어느 정도 주춤해졌습니다. 헌법재판소에서는 이 제도 중 일부에 위헌 결정을 내리기도 했습니다. 너무 개인 소유권을 침해해서 헌법에 어긋난다는 이유였지요.

하지만 토지 공개념이 우리 헌법의 원칙이라는 점은 변함이 없습니다. 그래서 지금도 땅값이나 집값이 급격히 오를 때마다 토지 공개념 정신에 근거해 여러 제동을 겁니다.

북한의 토지 제도는
어떻게 변해 왔을까

앞서 말했듯이 1945년 해방 후 한반도는 남한(공식 명칭은 대한민국)과 북한(공식 명칭은 조선민주주의인민공화국)으로 갈립니다. 그러다 한국전쟁이 터지면서 남북한은 완전히 등을 돌리게 되지요. 이후 남북한 모두 관계를 개선하려고 노력하지만, 여전히 만족스러운 성과를 얻진 못하고 있습니다.

우리가 북한의 역사에 관심을 가져야 하는 이유는 단순히 같은 민족이기 때문은 아닙니다. 우리 역사를 보면 선조들은 통일신라부터 조선에 이르기까지 한반도를 우리 영토로 확보하려고 노력했습니다. 세종대왕이 최윤덕과 김종서를 시켜 4군과 6진을 개척하면서 지금의 한반도 영토가 확정되었지요. 정복 욕심 때문이었을까요? 그보다는 독립 국가로서 최소한의 영역을 확보하기 위한 노력으로 봐야 할 것 같습니다. 압록강과 두만강을 경계로 삼을 경우 외부의 공격을 막기 수월해져서지요. 우리나라가 고유의 언어와 문자, 문화 등을 만들어 중국, 일본 등과 명확히 다른 정체성을 형성한 것도 최소한의 영토를 가졌기 때문에 가능한 일이었습니다.

그런데 분단된 이후엔 생활권이 반토막이 난 형국이라 국토 방위는 물론, 경제나 문화 발전에도 큰 지장이 있는 상태입니다. 한반도에 한국전쟁 같은 참화가 다시 일어나서는 안 되기 때문에 현재는 모든 것을 평화적인 방법에 기댈 수밖에 없습니다. 당장 통일은 어렵더라도 북한과 더 협력해 가는 방향으로 나아가야 할 것 같습니다. 이런 이유에서라도 북한에 대한 꾸준한 공부가 필요하다고 생각합니다. 여기서는 책 주제에 맞게 북한의 토지 제도를 살펴보겠습니다.

'무상분배'에서 '국가 소유'로

북한은 소련의 지원을 받아 공산주의 정권을 수립했습니다. 공산주의는 대한민국이 기본적으로 채택하고 있는 자본주의와 달리 토지, 공장 같은 생산수단을 개인이 소유할 수 없게 합니다. 기본 이유는 다음과 같습니다.

만약 개인이 생산수단인 공장을 가지고 있다면 이익을 얻기 위해 노동자의 임금은 내리고 물건은 지나치게 많이 생산할 겁니다. 이것을 '과잉 생산'이라고 하는데, 개인의 공장이기 때문에 이러한 과잉 생산을 막지는 못합니다. 하지만 대다수의 노동자는 가난해서 그 물건을 소비할 수 없습니다. 그 결과 생산한 물건은 넘치는데 소비할 사람이 없어 경제가 공황 상태에 빠지고 사회질서도 무너져 내립니다. 따라서 생산수단을 개인이 아닌 국가가 소유해야 한다는 것입니다.

1920년대 미국이 겪은 대공황˚을 보면 일리 있는 주장입니다. 당시 도시에는 식량이 없어 많은 사람이 굶주렸는데, 농촌에서는 포도가 썩어 가는 극단적인 반대 현상을 보였습니다. 존 스타인벡의 소설 《분노의 포도》에 이러한 상황이 생생하게 묘사되어 있지요. 포도를 지나치게 많이 생산해 가격이 폭락하자 농장주들이 포도를 수확하지 않고 그냥 썩게 내버려 둡니다. 노동자를 써서 포도를 수확해 봐야 인건비(임금)만 나갈 뿐 오히려 손해이기 때문이죠.

이처럼 어디에서는 식량이 남아돌고 어디에서는 먹을 것이 없어 굶주리는, 이런 모순을 해결하려고 나온 것이 바로 공산주의라고 할 수 있습니다. 물론 현대 자본주의 국가는 이처럼 극단적인 상황이

📍 **대공황**

1929년 미국 증권시장의 폭락으로 시작된 경제 위기를 말한다. 증권시장이 폭락하자 예금자들이 몰려들어 예금을 인출해 가는 바람에 은행이 파산하고, 돈을 빌려 줄 은행이 파산하자 기업도 연이어 문을 닫는다. 회사들이 문을 닫으니 실업자가 많아지고, 생산량도 급격히 떨어진다. 대공황을 계기로 국가가 시장에 개입하면 안 된다는 이론은 쇠퇴했고, 자본주의 경제의 부작용을 완화하기 위해 국가가 경제에 적극 개입해야 한다는 이론이 등장한다. 이에 각국 정부는 시장에 적극 개입하는 정책으로 경제 위기에서 벗어나고자 했다. 이때 잘 대처하지 못한 나라에서는 파시즘 나치즘 같은 전체주의 세력이 권력을 쥐었고, 그 결과 제2차 세계대전이 터지고 만다.

▲ 1946년 3월 북한에서 실시된 토지 개혁을 선전하는 포스터다. "토지는 농민의 것!"이라고 쓰여 있다. 북한은 일본인과 지주들에게서 몰수한 토지를 농민들에게 무상으로 분배했다. 토지 개혁이 실시되자 대다수 지주가 토지 문서를 갖고 월남했다.

벌어지기 전에 적절히 개입해 문제를 조금이라도 해결할 제도를 마련해 두고 있습니다.

대표적인 공산주의 국가가 소련이었는데 1991년 붕괴합니다. 이후 소련의 영향 아래 있던 폴란드, 헝가리, 체코슬로바키아, 루마니아, 불가리아, 알바니아 등 동유럽 국가들에서도 공산주의 깃발이 내려지죠. 반면 유럽과 달리 중국, 북한, 베트남 등 아시아 공산주의 국가는 여전히 공산주의 체제를 유지하고 있습니다.

북한은 건국 초에 무상몰수, 무상분배 형태로 농지를 분배했습니다. 지주들에게서 아무 보상 없이 땅을 빼앗아 농민들에게 아무 대가 없이 나누어 준 것이죠. 그런데 무상으로 분배된 농지는 곧 국가 소유가 됩니다. 1958년에 모든 농지를 협동농장으로 이전시켜 개인이 토지를 소유할 수 없게 합니다.

소련 역시 1930년대에 모든 것을 국가 소유로 돌렸는데, 이런 조치에 농민들이 아주 크게 반발했습니다. 심지어 자신이 키우던 가축을 다 죽이면서까지 저항했지요. 소련 정부에서는 반발하는 농민들을 처형하는 등 매우 강력하게 탄압했습니다. 북한은 독재 국가여서 농민들이 어떻게 대응했는지 알 수 없습니다. 북한의 공식 발표에 따르면 농민들이 자발적으로 협동농장에 참여했다고 돼 있지만요.

어쨌든 현재 북한에서 생산수단은 원칙적으로 국가와 사회협동단체만 소유하게 돼 있습니다. 텃밭과 개인의 살림집 소유만 예외로 허용하고 있고요.

50년간의 토지 이용권

북한은 중국, 소련 등 몇몇 공산주의 국가 외에는 개방을 하지 않는 폐쇄적인 사회였습니다. 1990년대에 이르러서야 조금씩 개방을 시작했지요. 북한은 일정한 지역('특구'라고 한다)을 정해 그 지역에서만 집중적으로 해외 투자를 받는 정책을 펼쳤습니다. 대표적인 지역이 나진·선봉이고, 우리나라와 관련된 지역은 금강산과 개성 지역입니다.

북한은 중국을 참고해서 특구에 토지를 최대 50년 동안 임대해 주는 제도를 도입했습니다. 중국은 토지의 개인 소유를 인정하지 않다가 1970년대 후반부터 개혁, 개방 정책을 실시하면서 토지의 장기 이용권을 허용했습니다. 이용권자는 토지 소유자처럼 토지를 사용하고 그 권리를 양도하거나 담보로 제공하고 빚을 얻어 쓸 수도 있지요. 결국 개인에게 토지 소유권을 인정해 주는 것과 비슷한 효과를 낼 수 있습니다.

토지 이용권 제도는 토지 소유권을 인정하는 것은 아니지만, 이용 기간이 길고 자유롭게 처분할 수 있기 때문에 이용하는 동안에는 소

▼ 개성시 전경(2015)

유권을 갖고 있는 것이나 다름없습니다. 이용 기간이 끝날 경우엔 다시 연장할 수도 있어 토지 소유권과 큰 차이가 없습니다. 중국은 어떤 지역에서는 50년 동안 토지 이용권을 인정해 주었는데, 만약 이용권자가 한 번 더 연장한다면 사실상 소유권과 크게 차이가 나지 않는 것이지요.

이처럼 북한 특구에서도 외국 기업이나 동포들의 토지 이용권이 인정되고 있습니다. 남북한 교류가 끊어지기 전의 금강산국제관광

북한도 중국처럼 개인이 땅을 소유할 수 없어. 그 대신 외국 투자자들에겐 최대 50년간 땅을 빌려 주고 있지.

특구나 개성공업지구의 대한민국 기업들도 토지 이용권 덕분에 토지를 개발하거나 토지 이용권을 양도하거나 토지를 담보로 대출을 받을 수 있었습니다. 아직까지는 중국의 토지 이용권 제도의 일부만 받아들였지만 북한이 본격적으로 개혁, 개방을 할 경우에는 제도가 더 확장될 것으로 보입니다. 그러므로 남북한 경제 교류가 활발해질 날을 대비해 대한민국의 제도와 북한의 제도를 어떻게 조화시킬 것인지 지금부터라도 연구하면 좋지 않을까 싶습니다.

소수의 독점을 막으려면 어떻게 해야 할까

어떤 사람들은 대한민국을 '부동산 공화국'이라고 비판합니다. 몇몇 사람이 토지 등 부동산을 소유하고 거기서 발생하는 이익을 독차지하기 때문이지요. 대한민국은 농지를 분배하면서 평등하게 출발했는데도 급속한 경제 성장 과정에서 발생한 이익을 제대로 분배하지 못했습니다. 여기서 문제가 시작되었다고 생각합니다. 대한민국 국민이 합심해서 경제는 성장시켰는데, 그 열매를 골고루 나누지 못한 것이지요. 특히 부동산의 경우 소수가 이익을 다 차지했습니다. 이를 해결하기 위해 토지 공개념에 바탕을 둔 여러 제도가 마련되고 일부는 시행되었지만, 문제를 해결하기에 충분하다고 보기는 어렵습니다.

소수의 부동산 독점은 우리나라만의 문제는 아닙니다. 2021년 10월 독일 베를린에서는 높아진 주택 임차료(예를 들면 월세)를 해결하기 위해, 대규모 임대 회사들이 보유하고 있는 임대 주택 20만 채를 국가에서 수용하기 위한 주민투표를 실시했습니다. 투표 결과 수민의 56퍼센트가 찬성했습니다. 실제 실현되려면 아직 더 여러 단계를 거쳐야 하지만, 부동산 문제가 세계적인 문제임을 알려 준 사례지요.

지금까지 부동산 문제를 개선, 해결하기 위해 앞 세대들은 어떤 고민과 정책을 펼쳤는지 알아봤습니다. 근본적으로는 모두 더 좋은 나라를 만들기 위한 고민에서 비롯된 것들이지요. 역사를 공부하는 이유는 과거의 사례에 비추어 현재의 문제점을 파악하고 바로잡아 미래를 대비하기 위해서입니다. 이 책을 통해 현재 우리가 어디에 서 있는지 돌아보고, 더 나은 삶을 위해 무엇을 하면 좋을지 고민해 보면 좋겠습니다.

주

1. 박병호, 《한국법제사》(민속원, 2012), p. 285.

2. _____, 위의 책, p. 294.

3. 황현, 《매천야록》, 허경진 옮김(서해문집, 2006), pp. 77~79.

4. 조소앙, 《소앙집》(한국고전번역원, 2019), p. 91.

이미지 출처

꼬리에 꼬리를 무는 토지 제도 이야기

초판 1쇄 발행 2023년 1월 10일
초판 2쇄 발행 2023년 11월 20일

지은이 | 김정진
펴낸곳 | (주)태학사
등록 | 제406-2020-000008호
주소 | 경기도 파주시 광인사길 217
전화 | 031-955-7580
전송 | 031-955-0910
전자우편 | thspub@daum.net
홈페이지 | www.thaehaksa.com

편집 | 조윤형 여미숙 김선정 고여림
디자인 | 김현주
마케팅 | 김일신
경영지원 | 김영지

ⓒ 김정진, 2023. Printed in Korea.

값 13,800원
ISBN 979-11-6810-121-0 43910

"주니어태학"은 (주)태학사의 청소년 전문 브랜드입니다.

책임편집 여미숙
디자인 이유니